U0083193

中國學術思想
研究輯刊

十九編
林慶彰 主編

第9冊

荀子、董仲舒、戴震氣論研究

段宜廷 著

花木蘭文化出版社

國家圖書館出版品預行編目資料

荀子、董仲舒、戴震氣論研究／段宜廷 著 -- 初版 -- 新北市：
花木蘭文化出版社，2014〔民 103〕
目 2+146 面；19×26 公分
（中國學術思想研究輯刊 十九編：第 9 冊）
ISBN 978-986-322-929-2（精裝）
1.中國哲學　2.比教研究
030.8　　　　　　　　　　　　　　　　　　103014775

ISBN-978-986-322-929-2

9 789863 229292

中國學術思想研究輯刊
十九編　第九冊　　　　　　　　　ISBN：978-986-322-929-2

荀子、董仲舒、戴震氣論研究

作　　　者　段宜廷
主　　　編　林慶彰
總 編 輯　杜潔祥
副總編輯　楊嘉樂
編　　　輯　許郁翎
出　　　版　花木蘭文化出版社
社　　　長　高小娟
聯絡地址　235 新北市中和區中安街七二號十三樓
　　　　　　電話：02-2923-1455／傳眞：02-2923-1452
網　　　址　http://www.huamulan.tw 信箱 hml 810518@gmail.com
印　　　刷　普羅文化出版廣告事業
封面設計　劉開工作室
初　　　版　2014 年 9 月
定　　　價　十九編 25 冊（精裝）新台幣 42,000 元　　　　版權所有‧請勿翻印

荀子、董仲舒、戴震氣論研究

段宜廷　著

作者簡介

段宜廷，1981 年生，台灣台中人，現居台北。國立政治大學中文研究所碩士，目前就讀於國立政治大學中文研究所博士班，現任大專院校兼任講師，亦曾在中學任教數年。長期關注荀子與荀學研究，並發表多篇相關期刊文章。博士論文則聚焦在魏晉思潮中的荀學發展。

提　要

　　本文試圖以氣論的角度，切入荀子、董仲舒、戴震的哲學，並考察荀子、董仲舒、戴震的氣論型態為何，三者是否有相似之處。而為求研究的正確與詮釋的合理，故探討的範圍及於本體宇宙論、人性論以及修養工夫論。在三大主題下都可揭櫫三者的氣論型態其實是相同的，只不過荀子、董仲舒的氣論是較為素樸、隱微不顯的「氣本論」─更確切地來說，是「自然氣本論」，而戴震則是自然氣本論無疑。由此可知，在自然氣本論的典範下，荀子可謂是開其端緒，到董仲舒逐步衍化，而至戴震則極為成熟、明朗。這樣的研究有其雙重效果、雙重貢獻，其一可以將董仲舒、戴震歸屬於荀學性格（思路）；其二可以看出荀學在思想史上發展的軌跡為何。也就是說，能夠找到荀學思想史的發展脈絡，以及抉發出荀學內在理路的結構線索。而此一線索，或許可以提供給之後研究荀學的人作一參考，期盼能將失聯的荀學都串聯起來，發展出壯闊的荀學思想史。

目

次

第一章　緒　論

第一節　研究動機與目的

儒家的兩大宗——孟、荀，奠定了儒學之後發展的兩個基本方向。然而如果將荀學放入「史」的脈絡來考察，會發現荀學地位未有和孟學一般分庭抗禮，甚至是遠遠落後、望塵莫及。

韓愈即云：「孟氏醇乎醇者也，荀與揚大醇而小疵。」〔註1〕；到了宋明時期，荀子的評價更是一落千丈：「荀子極偏駁，只一句性惡，大本已失」〔註2〕、「聖人之道，至卿不傳」〔註3〕、「荀子在本原上見錯，故百事皆錯」〔註4〕、「荀卿得罪於聖門多矣」〔註5〕、「荀卿則全是申韓」〔註6〕、「不需理會荀卿、且理會孟子性善」〔註7〕……等等。就算時至今日，荀學的意義與價值多半還是依循這個由來已久、根深柢固的看法〔註8〕。筆者在此不去探尋，為何在中國人

〔註1〕馬通伯校注：《韓昌黎文集校注》（台北：華正書局，1986年），頁21。

〔註2〕《二程集・河南程氏遺書・卷19》（台北：漢京文化公司，1983年），頁262。

〔註3〕《二程集・河南程氏外書・卷10》（台北：漢京文化公司，1983年），頁403。

〔註4〕胡居仁語。引自熊賜履：《學統・卷43》（台北：廣文書局，1975年），頁819。

〔註5〕羅欽順語。引自熊賜履：《學統・卷43》（台北：廣文書局，1975年），頁820。

〔註6〕《朱子語類・卷137》（台北：正中書局，1962年），頁5226。

〔註7〕《朱子語類・卷137》（台北：正中書局，1962年），頁5224。

〔註8〕如現代學者中的兩位大家——牟宗三與勞思光的評價。牟宗三說：「荀子特順孔子外王之禮憲而發展，客觀精神彰著矣，而本原又不足」；勞思光說：「荀子之學未能順孟子之路以擴大重德哲學而言，是為儒學之歧途。……荀子倡性惡而言師法，盤旋衝突，終墮入權威主義，遂生法家，大悖儒學之義」。參見牟宗三：《名家與荀子》（台北：台灣學生書局，1994年）頁203；勞思光：《新編中國哲學史》（一）（台北：三民書局，2001年），頁316。

的心理上對於儒家中孟荀的地位會如此抑揚〔註9〕，而只是想藉著學術的眼光，重新看待這一個中國文化的瑰寶。

回到思想史的平台，漢、清兩代可以說是荀學的高峰時期，然而荀學卻沒有因此而受到重視與肯定。譬如漢代「為儒者宗」的董仲舒，因為他的天人感應之說，讓學者以為「董氏的儒學和先秦的儒學是對立的」〔註10〕，以及董仲舒的人性論部份，也常以為是孟、荀思想的綜合（調合孟荀，是性善意是性惡），而未給予董仲舒作為荀學思想性格的界定。另外又如清朝戴震，他本身就自詡：「僕生平著述最大者為《孟子字義疏證》一書」〔註11〕，如此一來，戴震在荀學史上的記載自然就會與之脫鉤了。照上述看來，荀學的歷史圖像的確非常隱微。

當代學者已有指出：「當董子推置天道於絕對超越之外界，而惟取氣化之觀點以論人生時，即已事實上與荀子同路」〔註12〕、「董仲舒的『以類合之，天人一也』的思想大約就是從荀子那裡脫胎而來的」〔註13〕、「荀子、董仲舒兩人的天、人關係論的確同屬『合中有分』一類，同時凸顯了董仲舒思想歸屬於荀學一系的可能」〔註14〕；「今考東原思想，亦多推本晚周，雖依孟子道性善，而其言時近荀卿。……東原之有會於荀卿者至深矣」〔註15〕、「清代思想家戴震……基本精神，仍是近於荀子而遠於孟子」〔註16〕、「戴氏論性也只是指出人所同有的那些，可以知之質，可以能之具」〔註17〕。職是之故，把董仲舒、戴震視為荀學性格（或者說荀學進路），絕對是值得合理定位的方向。是以，作為一荀學研究者，必然要試圖針對此一條軸線（荀——董——戴）提出疑問，那就是：荀學的蛻變與轉化，是朝著什麼樣的方向去發展？歷時

〔註9〕 筆者以為在心理層面上，中國人的民族性是喜圓滿而焦慮偏失的，也由於此，造成了尊孟抑荀的原因之一。此種民族性的心理看法，程麻已有論述，參見程麻《中國心理偏失：圓滿崇拜》（北京：社科文獻出版社，1999年）。

〔註10〕 韋政通：《中國思想史》上冊（台北：水牛圖書出版社，2001年），頁465。

〔註11〕 〈與段若膺書〉，收入《孟子字義疏證》（北京：中華書局，1982年），頁186。

〔註12〕 周群振：〈董仲舒氣化宇宙觀下之心性論（下）——董仲舒天人思想研究之六〉，《中國文化月刊》24（1981年10月），頁97～115。

〔註13〕 惠吉星：《荀子與中國文化》（貴州：貴州人民出版社，1996年），頁264。

〔註14〕 劉又銘：〈合中有分——荀子、董仲舒天人關係論新詮〉，「中國文哲之當代詮釋：文本、對話與詮釋」學術研討會（台北：國立台北大學中國語文學系，2005年10月）會議論文，頁13。

〔註15〕 錢穆：《中國近三百年學術史》（台北：台灣商務印書館，1957年），頁357。

〔註16〕 韋政通：《中國思想史》（台北：水牛圖書出版，2004年），頁342。

〔註17〕 胡適：《戴東原的哲學》（台北：台灣商務印書館，1996年），頁40。

兩千年的過程中，什麼是他們三人共同的、未曾明說的思想線索、一貫理路？……，對於這樣的問題意識，筆者以爲可以借用已經顯題化的論點，去幫助解決、釐清這一個論題。

　　有越來越多的學者指出，戴震是一個十足的氣本論者〔註18〕。這固然有他歷史背景因素下的驅動，但更重要的是他在儒學的內在理路的支援上，汲取了什麼而又轉化了什麼？如果說，戴震是荀學發展至清的一個代表人物，那麼「氣論」這一個內在理路必然是值得探討的議題。不惟如此，荀子、董仲舒也有豐富的氣的思想。基於此，從荀子開始，到董仲舒、到戴震，他們三個人的「氣論」的意涵，就是筆者所要研究的內容範疇了。因此，我們可以站在當代對於「氣本論」顯題化的意義下〔註19〕，重新掘發出荀子與董仲舒的「氣論」、即荀、董潛在的氣本論。也就是說，荀子、董仲舒可能已經有氣本論，但他們是隱而未顯的、簡樸的、留有較大的詮釋空間的。因此，將荀子、董仲舒隱含性思維（屬於戴震這一脈的氣本論）予以顯題化，就是本論文的研究目的。這是目前學界中雖有關注到但是卻還沒有深入去作的學術研究〔註20〕，而筆者研究此一主題，則會對荀子、董仲舒的「氣論」作一揭櫫與探析；而對戴震的「氣論」研究，則主要是奠基在當代學術研究的成果

〔註18〕戴震的「陰陽五行道之實體，血氣心知性之實體」是他哲學中最基本的主張，並且在戴震的哲學裡，整體存在界不僅遍在的是「氣」，而且本體也是「氣」。因此戴震可以說是一個十足的氣本論者。而現今學者大多持這種觀點，如張立文、張懷承、張麗珠、（日）山井湧、方東美、劉又銘、王俊彥、楊儒賓等等。

〔註19〕「氣本論」是當代學者研究所顯題化的一個論題。其原先主要是針對明清的氣本論者而言，並在後來漸漸地對「氣本論」開始有深入的研究，所以「氣本論」這樣的一個命題也可以回過頭來重新檢視先秦、漢代的氣論研究。這種說法有點類似於在氣本論形成前的一個氣本論者的研究。

〔註20〕劉又銘就曾經指出：「明清本色派氣本論跟漢儒的哲學一樣，都可以看成荀子哲學典範創造性的蛻變與轉化；而『荀子哲學──兩漢儒家哲學──明清本色派氣本論』這一脈傳統的意義與重要性絕不在『孔孟哲學──宋明儒家哲學』這一脈傳統之下。」；另外又指出：「整個明清自然氣本論的發展實質上就是荀學的復興，並且還應該是明清荀學思想史裡最核心的一條軸線，只不過它在宋明理學『尊孟抑荀』的氛圍下無法自覺到這一點罷了。事實上，從這個脈絡來看，明清自然氣本論甚至是近世荀學思想史研究最關鍵的一個切入口。」參見：《理在氣中：羅欽順、王廷相、顧炎武、戴震氣本論研究》〈二版序〉（台北：五南圖書公司，2000年）；〈宋明清氣本論研究的若干問題〉，收入楊儒賓、祝平次編：《儒學的氣論與工夫論》（台北：台灣大學出版中心，2005年），頁232。

上，作一比較與釐清（凸顯出戴震明朗、成熟的氣本論）。

這樣的研究，有其雙重效果、雙重貢獻，不僅可以將董仲舒、戴震歸屬於荀學，並且還可以看出荀學繼續發展的軌跡動向。這是一種重新定位、重新評估的可能。另外，值得一提的是，劉又銘先生在〈論荀子的哲學典範及其流變〉上，已把董仲舒、戴震納入荀學史的名單中，將荀子、董仲舒、戴震三人的關係首次肯定的、關聯性的做論述，並期許「我們可以把歷史上許多失聯的荀學串聯起來」〔註21〕。而筆者就是植基於「荀子的哲學典範」，然後嘗試進入一個「荀學思想史」的脈絡當中，以企圖發掘、釐析荀子、董仲舒、戴震，其內在理路所衍化的中心主軸與共同的思想線索——「氣論」。這是一個新的詮釋的起點，也是所有荀學研究者共同面臨的重要課題。不惟如此，這樣的研究，還可以把中國儒學中「自然氣本論」（屬於戴震這一脈的氣本論）〔註22〕的這個範疇，勾勒出一開端、衍化與完成的可能的系譜。這種不同於傳統研究儒學的方式〔註23〕，以較為客觀而公平的態度面對儒家另一宗——荀學——在思想歷史長河上的意義，就誠如成中英所說：「依據儒家內在的、既有的思路來近一步展開現代化、理性化思考，才是中國人文世界的內源發展和重構的積極方式」〔註24〕。由此，撐出儒家的完整面貌。

〔註21〕 劉又銘：〈論荀子的哲學典範及其流變〉「荀子研究的回顧與開創」國際學術研討會（斗六：雲林科技大學，2006年2月）會議論文，頁1。

〔註22〕 「自然氣本論」這一個名詞，是劉又銘所提出的。主要是區別「氣本論」的類型，其分為「神聖氣本論」與「自然氣本論」兩類。「神聖氣本論」是指「那作為本原、本體的元氣，必須理解為一種神聖圓滿的『全氣是理』（指理本論的理）或『全氣是心』（指心本論的心）的神聖元氣」；「自然氣本論」是指「宇宙本體（元氣）暨人性實體（血氣、心氣）的作用與運行都只是生機流行、整全渾然的『自然』（但又不是道家意義下的『自然』），然而在這渾然流行的自然軌跡當中卻又蘊涵著『必然』的律則等著人去發現去遵行。這便是『自然氣本論』哲學典範的一個起點，也是「自然氣本論」一詞的文獻依據。」而筆者在此要強調說明的屬於戴震一系的「自然氣本論」的意義，它可能早在荀子就開端，至董仲舒衍化，到戴震而完成。參見劉又銘：〈宋明清氣本論研究的若干問題〉，收入楊儒賓、祝平次編：《儒學的氣論與工夫論》（台北：台灣大學出版中心，2005年），頁207、208、209。

〔註23〕 成中英認為在以往內聖之學為宗的傳統偏見下，對於「今日重新認識『外王』之學並對現代儒學重新探索的重要性是不利的。」參見成中英：《中西哲學的會面與對話》（台北：文津出版社，1994年），頁15。

〔註24〕 成中英：《中西哲學的會面與對話》（台北：文津出版社，1994年），頁15。

第二節　前人研究成果

　　學界中雖然沒有人將荀子、董仲舒、戴震這三人的氣論放在一起，作一縱向比較的綜合性考察，但是對於這三個人個別的氣論研究卻也爲數不少。茲將目前學界的相關研究成果分述如下：

（一）荀子

　　因爲荀子本身對於氣論的著墨不多，所以學者們也少有專門的長篇論述，然而這並不表示沒有荀子的「氣論」研究，相反的有越來越多的重視。筆者在此對學界中的研究成果作三個層次的歸納。

1. 認爲荀子的哲學中有「氣」，並以此爲貶抑的著眼點。如蔡仁厚。他認爲荀子以氣言性而倡性惡說，這是屬於宋明儒者氣質之性的意涵，並對此深表不滿。他說：「反性善而倡性惡，是質樸的荀子最不透澈、最不靈光的地方。他的性惡說，不但爲宋明儒所喝斥，就是漢儒也沒有人採取他的說法。……故氣質之性不是人之所爲人的眞性、正性。」〔註25〕筆者以爲蔡仁厚的說法雖然有他的論證效力，但這種「只一句性惡，大本已失」的看法，實在有失偏頗更有待商榷。因此筆者以爲應更正視荀子哲學的眞正意涵以及其在思想史上的影響，並從詮釋學的角度，將荀子的氣論重新認識與定位。

2. 承認荀子學中的「氣」的基礎地位與作用。如張才興、王慶光、澤田喜多男。

　　張才興在〈先秦諸子的氣論〉中，概要敘述了荀子的「氣論」，他認爲「在儒家諸子之中，以荀子之氣論爲最多。……荀子在〈王制篇〉所提出的『氣、生、知、義』乃是社會人倫價值的排列秩序。氣是元氣。」〔註26〕於此，張才興已扼要說出荀子「氣論」的基本意義，然而由於太過簡略所以在他文本中會有語焉不詳的地方。再者如澤田喜多男於《荀子》和《呂氏春秋》中的氣〉文中，也持此觀念，認爲荀子是以氣、生、知、義這樣的順序來考慮價值序列的，並因此結語「視爲萬物共同基礎的『氣』最爲『人爲』以前的東西，在荀況那裡得不到高的評價」。〔註27〕另外王慶光則在〈晚周氣論應變說

〔註25〕蔡仁厚：《荀子與朱子心性論之比較》（新加坡：東亞哲學研究院，1987 年），頁 59。

〔註26〕張才興：〈先秦諸子的氣論〉，《中華文化學報》第 3 期（1996 年 5 月），頁 59。

〔註27〕（日）澤田喜多男：〈《荀子》與《呂氏春秋》中的氣〉，收入小野澤精一：《氣的思想——中國自然觀和人的觀念的發展》（上海：上海人民出版社，1990 年），頁 79。

及荀子之回應〉裡，著重討論在周代自然天道氣論的興起下，荀子如何回應的問題，其分為「君德修養」、「民心士氣」、「陰陽變化」、「攻勢統御」四個部份，強調荀子在氣化應變內容的重新詮釋與儒家意識。

3. 積極肯定荀子的「氣論」，注意到荀子「氣」的本體論思想。如張立文、李存山、劉又銘、楊儒賓等。

　　這一部分的學者，都一致認為荀子的「氣」，不僅是作為萬物共有的基礎，並且更進一步論述到荀子「氣論」的本體宇宙思想。如李存山便指出，荀子在《賦》中便透露出其「氣論」的性質與樣態，並由此歸結到「中國哲學的「氣」概念是指化生萬物的元素和本原，是指至精無形、充盈無間、能動的、可入的、無限的物質實體。」〔註28〕不過筆者以為用「物質實體」的表述容易使氣論和唯物論兩者產生似是而非的誤解，因此筆者不贊成用此語。〔註29〕

　　除此之外，同樣認為荀子的本體宇宙思想是「氣」的學者，如楊儒賓在《儒家身體觀》中所提到的：「值得注意的是：荀子在本體宇宙論方面，也接受氣為萬物構成的因素，人身也不例外」〔註30〕；以及劉又銘認為：「荀子哲學的宇宙本體，比較可能是個自然主義意味的內具律則的『氣』本體」〔註31〕；還有張立文也說到：「荀子把天地間的物類生靈劃分為無生命的的物體、有生命的植物、有意識的動物和知禮義的人類，指出他們共同的特點是「有氣」，這表明他已明確地認識到氣是天地人物的共同本原。雖然他對此論述簡略，但卻在孔子、孟子思想的基礎上前進了一大步。這一思想，無疑開了儒家氣本論的先聲。」〔註32〕

　　由上述可知，荀子的「氣論」已逐漸顯題化，並且能在思想史中看出荀子氣論的積極意義，這對於儒家縱向的氣論研究無疑是一種廓清與幫助。而對於這樣一個可能的「儒家氣本論的先聲」，我們都不應該忽略。

〔註28〕 李存山：《中國氣論探微與發源》（北京：中國社會科學出版社，1990年），頁81。

〔註29〕 筆者認為氣本論和唯物論之間有很大的不同，參見劉又銘：《理在氣中──羅欽順、王廷相、顧炎武、戴震氣本論研究》（台北：五南圖書公司，2000年），頁11～13。

〔註30〕 楊儒賓：《儒家身體觀》（台北：中央研究院中國文哲研究所籌備處，1996年），頁71。

〔註31〕 劉又銘：〈從「蘊謂」論荀子潛在的性善觀〉，《「孔學與二十一世紀」國際學術研討會論文集》（台北：政治大學文學院，2001年9月），頁58。

〔註32〕 張立文：《氣》（北京：中國人民大學出版社，1990年），頁29。

（二）董仲舒

　　對於董仲舒的「氣論」研究，許多學者皆已指出其思想中的氣範疇與氣本體的意涵，如徐復觀、金春峰、關口順、馮達文、張立文、曾振宇、周群振等。今擷取以上學者對此看法的述要如下：

　　徐復觀：「在仲舒心目中，元年的元，實際是視爲元氣之元」、「仲舒認定《春秋》的元字即是元氣」〔註33〕；金春峰：「作爲萬物或宇宙本原的『元』，就是指元氣」〔註34〕；關口順：「所謂『一』，就是與陰陽之氣、五行之氣在本質上是相同的一氣」〔註35〕；馮達文：「董仲舒不設置一個『太極』，而只以可感的『天地之氣』爲本源」〔註36〕；張立文：「董仲舒所謂氣，主要是指天地陰陽中和之氣。陰陽中和之氣也叫元氣，它是產生萬物和人類的本始物質」〔註37〕；曾振宇：「董仲舒的氣理論是中國古典氣哲學發展史上一個不可或缺的環節，他標誌著建立在氣本原基礎上的中國古典哲學本體論的最終確立」〔註38〕；周群振：「『一』是氣之全……董子秉持一氣化的觀點」〔註39〕

　　從上述所列，可知目前學界對於董仲舒的「氣論」研究著重在他的本體宇宙論上的探討，而上述的那些學者則都認爲董仲舒所言的「元」、「一」是意指──「氣本體」。〔註40〕也就是說董仲舒是一個元氣論者，其所指涉的是一個以氣爲世界萬物本原的思想。筆者認同以上諸位學者的論點，但是仍有兩點需要注意，其一、對於曾振宇認爲董仲舒標誌著「氣本原基礎上的中國古典哲學本體論的最終確立」的拉抬，實有失於中國氣論哲學的整體面貌。雖然我們不能否認「氣」在董仲舒思想中的本原地位，但若說是「最終確立」恐怕也言之太過，而這樣的定位就是造成《中國氣論哲學》一大缺憾和迷思

〔註33〕參見徐復觀：《兩漢思想史》（香港：中文大學出版，1975年），頁245、254。

〔註34〕金春峰：〈論董仲舒思想的特點及其歷史作用〉，《中國社會科學》1980年第6期。

〔註35〕（日）關口順：〈董仲舒的氣的思想〉，收入小野澤精一：《氣的思想──中國自然觀和人的觀念的發展》（上海：上海人民出版社，1990年），頁162。

〔註36〕馮達文：《早期中國哲學略論》（湛江：廣東人民出版社，1998年），頁207。

〔註37〕張立文：《氣》（北京：中國人民大學出版社，1990年），頁58。

〔註38〕曾振宇：《天人衡中──《春秋繁露》與中國文化》（開封：河南大學出版社，1998年），頁35。

〔註39〕周群振：〈陰陽五行說思想之淵源及其在發展中之變形──董仲舒天人思想研究之三〉，《中國文化月刊》第18期（1981年4月），頁75、79。

〔註40〕而學界中也有人持不同意見，認爲董仲舒爲一「元本體」論者，如周桂鈿、于首奎。參見周桂鈿：《董學探微》（北京：北京師範大學出版社，1989年），頁37～44。

——竟未談論到戴震的氣本論的緣故。另外筆者以為將「『一氣』的具體形態這樣的認識，在思想史上，最早自覺地把此作為自己哲學的課題而加以思索的個人，是董仲舒」〔註41〕這樣的講法雖無錯誤，但卻不精準。實際上董仲舒以氣為本原本體的思想，卻常常是用元、天去說的。其二、周群振對氣論的看法，筆者認為有失偏頗。雖然他已經勾勒出從荀子到董仲舒之間具有關連性的「氣的哲學」，然而在評價上卻是非常負面。他說：「陰陽乃只見有氣性的物體義，而無理性的道體義……僵化了傳統儒家所建的生機洋溢的形上道體之本義」〔註42〕，於此，我們不得不說周群振真的把氣本論與唯物論混為一談了。筆者以為對於中國傳統氣範疇的認識實在需要兼顧到中國文化的形態與特點，這也就是方東美所強調的：「中國哲人則於宇宙觀、及人性論上無不繫以價值為樞紐」〔註43〕是以筆者比較贊同曾振宇所說：「氣是一種有機的道德範疇」、「氣本體論是一種有機的、泛道德的本體論」〔註44〕。有鑒於此，釐清「氣」範疇再回過頭去研究董仲舒文本裡的「氣論」，應該會有更深一層的幫助；不惟如此，還可以從中透顯出董仲舒在漫天的陰陽五行宇宙論下的積極意義與儒家關懷。

（三）戴震

戴震為一氣學者，在學界中幾乎已成定論，而就其研究成果的考察亦可分為兩個層次。以下分述之：

1. 辨明戴震是不同於以往「理本論」的「氣本論」者。如張立文、張懷承、張麗珠。

張立文：「戴震繼王夫之之後，以氣為道器統一的基礎，概括宇宙的物質性統一」〔註45〕；張懷承：「戴震是後一學派（羅欽順、王夫之等人）的重要代表人物，他堅持性一本論，以陰陽五行之氣為性之實體，批評在氣本之外另立一本」〔註46〕；張麗珠：「明清以前的義理發展階段，可以稱之為『理』

〔註41〕 小野澤精一：《氣的思想——中國自然觀和人的觀念的發展》（上海：上海人民出版社，1990年），頁153。
〔註42〕 周群振：〈陰陽五行說思想之淵源及其在發展中之變形——董仲舒天人思想研究之三〉，《中國文化月刊》第18期（1981年4月），頁70、71。
〔註43〕 方東美：《中國哲學之精神及其發展》（台北：成均出版社，1984年），頁18。
〔註44〕 曾振宇：《天人衡中——《春秋繁露》與中國文化》（開封：河南大學出版社，1998年），頁49、50。
〔註45〕 張立文：《氣》（北京：中國人民大學出版社，1990年），頁273。
〔註46〕 張懷承：〈簡論戴震性本於陰陽五行的思想〉，《中國文化月刊》第170期（1993

的哲學；從羅欽順（1645～1547）、劉宗周（1578～1645）、顧炎武（1613～1682）、王夫之（1619～1692）到戴震（1724～1777）等一系列儒者所強調，可以稱之爲『氣』的哲學」〔註47〕。由上述可知，他們都共同肯定自明清以來到戴震的一種「氣的哲學」，並且認爲是與王夫之無異的氣論型態。然而戴震的氣論眞的和王夫之、劉宗周都歸列爲同一類型嗎？羅欽順與王夫之也同樣沒有分野嗎？筆者認爲這是一個需要去釐清的問題。

2. 除肯定戴震「氣」的哲學外，還分辨戴震分屬的氣學系譜。如（日）山井湧、方東美、劉又銘、王俊彥、楊儒賓。

　　這一系列的學者，已開始關心戴震氣的哲學的意涵在傳統氣論的脈絡下是屬於哪個派別，並據此釐析出它的特色與意義。像山井湧：「我認爲：『上接顏元、李塨哲學的程廷祚和戴震思想非常接近，戴震是集大成者』，這一看法現在仍未變」〔註48〕，他將戴震在氣論哲學史上定位爲集大成者，是非常具有意義的，並且他看出了不同於王夫之的另一條脈絡。同樣的，其他學者如方東美：「陽明以後，新儒學繼續發展，但是趨勢又再創新，由王廷相開始，有唯氣論與唯物論的主張，一反前面兩派，大體可以名爲自然主義。到了明末清初，自然主義大行其道，又再分爲三支：一是王夫之的功能派自然主義，顏元、李塨之實用派自然主義，及戴震之物理派自然主義」〔註49〕；王俊彥：「其實氣本論，也有純粹氣本論者，如羅欽順、王廷相、吳廷翰；有以氣含攝心性者，如劉宗周、黃宗羲、呂坤；有將氣學直接化爲人倫治道者，如高拱、戴震、李塨等」〔註50〕；楊儒賓：「從王廷相以至戴震所說的氣與氣質之性是自然主義、經驗主義的意義，這是建立在氣化宇宙論上的思想體系，與漢儒關係較爲密切」〔註51〕

　　他們共同的研究命題，皆將戴震從王夫之、劉宗周分屬出來，並試圖把

年 12 月），頁 6～7。

〔註47〕 張麗珠：《清代新義理學——傳統與現代的交會》（台北：里仁書局，2003 年），頁 13。

〔註48〕 （日）山井湧：〈程廷祚的氣的哲學——兼論朱熹、程廷祚、戴震思想的異同〉，《中國哲學史研究》（1988 年第 1 期），頁 71。

〔註49〕 方東美：《中國哲學之精神及其發展》（台北：成均出版社，1984 年），頁 545。

〔註50〕 王俊彥：〈呂緝熙「氣生於氣」之思想〉，《中國文化大學中文學報》第 7 期（2002 年 3 月），頁 61。

〔註51〕 楊儒賓：《儒家身體觀》（台北：中央研究院中國文哲研究所籌備處，1996 年），頁 410。

各家氣本論者予以定位。這樣氣學系譜的分判，著實豐富且開展了氣論的研究，也由於此，我們便不得不評騭其中的優劣得失。對於方東美的分類，筆者以爲太過瑣碎，其以「功能」、「實用」、「物理」來區別，實在不容易讓人從字面上就明瞭它的意義，並且用「物理」一詞，也有欠妥當；而王俊彥的分類，筆者認爲確實有其合理性的歸納分判，然而筆者卻覺得用「純粹氣本論」去開展一脈，反而不容易讓「氣本論」的特色突顯出來，並且會讓人疑惑在「純粹氣本論」之外的「氣本論」者的正當性何在。而楊儒賓的分類，因爲他主要是對峙心學的氣質之性，因此過於簡略也是必然，不過這裡可以注意到的是他將王廷相——戴震歸爲一類的細緻觀察。

綜上所述，筆者認爲劉又銘先生對戴震氣本論的分類是最清楚也最適當的。他將氣本論分爲兩類三型，兩類是指「神聖氣本論」與「自然氣本論」；而三型是指「神聖氣本論」下又區別出來的「氣本論和理本論相容」以及「氣本論與心本論相容」。其代表人物，可由下列圖表示之：

兩　類	三　型	代表人物
神聖氣本論	氣本論和理本論相容 氣＝理＝太極	王夫之
	氣本論和心本論相容 氣＝心＝太極	劉宗周、黃宗羲、徐潤第
自然氣本論	自然氣本論	羅欽順、王廷相、吳廷翰 顧炎武、戴震、焦循

從上述的表格中，我們可以清楚看出戴震氣本論的歸類、定位，與其它各家氣本論者的異同。這的確可以讓我們辨明氣本論不同型態的特色與意義。而戴震則歸屬「自然氣本論」這一類。

> 「自然氣本論」（以羅欽順、王廷相、吳廷翰、顧炎武、戴震、焦循等人爲代表），它的型態、理路較爲單純素樸，屬於氣本論中的基本型態或純粹型態。……自然氣本論並不承認有那「價值滿盈」的神聖的終極實體「理」、「心」或「氣」的存在；在他們的心目中，做爲本原、本體的氣，應該是一種價值蘊藏在混沌生機中的自然主義意味的元氣，也就是渾沌、素樸但是潛在、蘊涵著價值而可以自行地、逐步地興發開展的自然元氣（但又不是道家和西方自然主義下的自然元氣）。當然，基於如此自然元氣而來的本心和本性也就一樣

是混沌素樸只具有有限度的道德直覺但卻可以逐步興發開展朝向美
善的本心和本性了。〔註52〕

知道什麼是「自然氣本論」，對於研究戴震的「氣論」是有極大助益的。這不
僅可以明晰出橫向的氣學系譜，更讓筆者在研究縱向的氣論各家時，有更清
楚的氣學史輪廓。另外，值得一提的是，杜保瑞有關氣論的區分。杜保瑞將
氣論形上學的觀點分為三個層次類型：

1. 它可以只是主張整體存在界有氣的構成成分，那這就只是發表了
   宇宙論中存在結構問題的一個觀點而已。

2. 整體存在界的存在的本體問題，便需要由氣的特質與其它存有原
   理的特質共同構成，這是氣化宇宙論的型態。

3. 最強力的一種主張以整體存在界不只遍在地是氣，而是本體也
   是氣，其意義在於其他的存在質素在認識的意義上也需由氣來說
   明，氣在存在的認識上有第一序的優位性。〔註53〕

杜保瑞認為主張氣存在的形上學體系，在理論的效果上是有強弱之分的，這
樣的分析，能夠實質地幫助我們對於傳統氣論的爬梳與釐清。綜上所述，若
以劉又銘先生的分類再加上杜保瑞的分型，或許我們可以更完整的看出「氣
論」在思想史上的意義，這是當前對於氣本論研究較少人去碰觸的論域。而
筆者便於本論文中對荀子、董仲舒、戴震的「氣論」作此一哲學性的考察。

第三節　研究範圍

本論文的題目定訂為「荀子、董仲舒、戴震氣論研究」，而以下便是對於
此一論題的研究範圍作說明。

就研究對象來說。本論文以思想史上荀學的兩個高峰時期——漢代、清
代，擇取其中的代表人物作考察，並以氣論作範疇研究。也就是說荀子是原
創性人物，而董仲舒、戴震是荀學在漢、清代的代表人物。在漢代，董仲舒
較王充適合作研究對象的原因有二：一、董仲舒較王充年代為先外，還標舉
獨尊儒術，由此觀之，就研究漢儒的這層意義上，董仲舒無疑是重要，且具

〔註52〕劉又銘：〈宋明清氣本論研究的若干問題〉，收入楊儒賓、祝平次編：《儒學的
　　　　氣論與工夫論》（台北：台灣大學出版中心，2005 年），頁 208～209。

〔註53〕杜保瑞：《論王船山易學與氣學並重的形上學進路》（台北：台灣大學哲學所
　　　　博士論文，1993 年），頁 42。

指標意義的。二、除了董仲舒所提倡的天人感應外，其餘學說主張，兩人的思想型態有其內在趨同性，綜合上述兩點原因，董仲舒可以說是較具代表性的研究對象。而戴震，則是清代思想大家、十足氣本論者，是以，從戴震來考察，可以很清楚的辨明義理型態的類別、思想理路的邏輯架構。

　　就問題的處理層次來說。由於本論文所討論的是荀子、董仲舒、戴震這三個人的氣論，因此研究性質主要是放在哲學範疇的考察上，也就是針對這三個人氣論的型態作一論述，而不是著重在學術史上的考察。不過儘管如此，筆者在研究的過程中，也不免會預設了一些學術史上的背景，並且就這三個人的氣論研究成果而言，也確實能夠表現出他們在學術史上的地位與發展。〔註54〕

　　關於這三個人的氣論，其所處理到的範圍來說。所謂「氣論」，可以有狹義和廣義兩種定義。狹義的來說，就是「氣本論」的本身；廣義的來說，便是進一步包括在氣本論的立場下所展開的心性論與工夫論，而筆者在此，則採用廣義的氣論做研究，但卻著重在狹義的氣論上做探討。也就是說，筆者在本論文中，擬以兩個方面來論述：第一、「以氣為本」的本體宇宙論研究。即「氣論」在荀子、董仲舒、戴震思想裡，成為「以氣為本」思想的可能性與正當性。第二、氣本論進路下的其他面向。即在「以氣為本」的進路下對荀子、董仲舒、戴震哲學其他方面的影響。然而必須要注意到的是，筆者在本論文的研究過程中，會因為要避免拉長戰線、失去原本論述的焦點，故對於第二部份〈氣本論進路下的其他面向〉會考量其內容而有所增減〔註55〕。故筆者雖以「氣論」的整體融貫性作為研究的方向，但其中則仍以狹義的氣論為主軸，然後再從中貫穿其他面向的哲學理路。如此方不使論述鬆散。

第四節　研究方法

　　每一個論文的研究旨趣，都意涵著研究者對某一問題意識的關切；同樣的文獻材料，在透過不同的詮釋進路下，也往往觀點各異。因此對於「研究

〔註54〕這是由於在研究哲學史上，不可能割裂思想史上的某些背景因素。因此，研究哲學的人或多或少都會碰觸到思想史上的領域，並且其成果也會回過頭來影響到思想史上的定位與發展。

〔註55〕筆者在論文中，會緊扣三人的「氣」範疇做研究，這在人性論、工夫論上也是如此。

方法與進路」的衡定，更應當謹慎運用，期能在文獻掌握的基礎上，掘發出更深層的蘊義。是以在本文問題意識的開展下，筆者大致以下列三種研究方法為主：一是「觀念史」的研究路徑；二是詮釋學的哲學方法論；三是「對比研究法」的方法學依據。

　　第一個「觀念史」的研究方法。便是針對本文所要討論的「氣」的觀念，以觀念史的角度來探討「氣」在荀子、董仲舒以及戴震三家中的發展以及衍變。何謂「觀念史」、「觀念史」的操作層面、以及中國哲學中運用觀念史所需要注意的問題，都是筆者必須去釐清與衡定的。

> 觀念史，歸結起來，不外是研究永恆問題的各種答案。〔註56〕

> 觀念史家的職責之一是在探求某一思想家或某一時代內在的基本假設或無意識的心靈習慣。〔註57〕

> 羅氏（Arthur O.Lovejoy）所說的「觀念史」研究方法，特別強調研究者應注意觀念在不同學科或領域，以及不同地區或國家，以及不同時代的演變過程及其影響。羅孚若所謂的「單位觀念」，是指觀念叢中無法再細分的最基本的觀念。所謂「觀念史」研究，就是對這些「單位觀念」的發展歷程作深入分析，以便把握文化的「內在整體性」。〔註58〕

> 觀念史家皆有一個共同假設：觀念之發展係一不停推進之辯證歷程，因任何思想家思考問題時，必吸收前人之思想，以前人之努力結果及問題範圍作為思維之起點。因特重思想史演變之內在邏輯，故觀念史家皆有意無意之中假定觀念之演化本身亦有其自主性，此種演化不受時代之外緣因素如政治、經濟、社會諸般變化之影響。觀念史家所已特重分析此種思想內在邏輯之演變，而不著意於觀念與史實之交互作用者，理由在此。〔註59〕

Baumer 在書中歸納出五大方向，分別是上帝、自然、人、社會與歷史。這些

〔註56〕參見鮑墨（Baumer,Franklin L.）《西方近代思想史》第一部第二章〈永恆問題〉（台北：聯經，1988 年）。

〔註57〕黃俊傑：〈思想史方法論的兩個側面〉，《史學方法論叢》（台北：台灣書局，1981 年），頁 251。

〔註58〕黃俊傑：〈孟學銓釋史中的一般方法論問題〉，《經學今銓初編》（瀋陽：遼寧教育出版社，2000 年），頁 38。

〔註59〕黃俊傑：〈思想史方法論的兩個側面〉，頁 259～260。

問題是人類在一切世代與時代中皆曾被提及的疑問，而對於這些永恆問題的
回答便構成了「單位觀念——觀念叢」的內容。而羅孚若在《存在的大鎖鏈：
觀念史研究》中也一併提出了一個觀念，他認為一些在思想史中常被提及的
名詞，例如「自然」（nature）、或是藝術（art）……等，皆必須視為具有不同
涵意的綜合名詞，這些重要但不夠精確的字眼常在不知不覺中用來指涉根本
不同的觀念，也就是說對於思想家而言，可能這些名詞卻是「基本假設」。根
據上述，我們可以知道這些所謂的單位觀念，並非靜態的指涉而是具有歷時
動態的變化，如此看來以中國思想史中的「氣」，作為觀念史的研究對象是可
以成立的。再來對於「觀念史」研究方法的操作層面而言，可以知道其論證
過程皆著重在於內在理路的流變，也就是說對於觀念轉變的外緣因素是不去
探討的，此亦如同是黃俊傑所謂「問題意識的自主性」的意義。〔註60〕然而
「觀念史」雖然對於文化的「內在整體性」的研究有所助益，但我們不得不
去考慮到屬於中國哲學特色的部份，關於此，黃俊傑也提出兩點需要注意的
地方。

> 羅孚若的「觀念史」方法具有強烈的割裂傾向，史皮茲（Leo Spitzer）
> 批評這種傾向為「原子論」（atomism），認為這種傾向已把觀念從人
> 心中抽離轉化而成為一種「無感情的觀念」。……就儒家學問的研究
> 而言，頗有其侷限性，未能達到溫潤圓融的境界。〔註61〕

> 羅孚若所說的單位觀念，如就思想史的經驗而言，尚可區分為兩種
> 型態，一是「持續的觀念」（continuing ideas），一是「再現的觀念」
> （recurrent ideas）。……羅孚若過於強調「思想領域中思想由某一範
> 疇至另一範疇之間發展之過程，因此，對第二種形態的「單位觀念」
> 有時顯得無力掌握。〔註62〕

明於此，對於「觀念史」研究方法的操作層面而言，我們也必須照顧到中國儒
學特有的溫潤圓融境界，儘量能維護其全貌的特色。所以本文在研究「氣」這
一概念的同時，也能配合氣論下所展開的議題做探討，如心性論、天人關係論、

〔註60〕黃俊傑：「這些問題意識都具有相當的自主性，成為中國思想史上客觀的存
在，而為歷代孟子詮釋者，乃至一般思想家所一再反省思考，因而構成強烈
的連續性，較少受到歷史上非思想因素變動的干擾。」參見〈孟學詮釋史中
的一般方法論問題〉，頁35。
〔註61〕黃俊傑：〈孟學詮釋史中的一般方法論問題〉，頁39。
〔註62〕黃俊傑：〈孟學詮釋史中的一般方法論問題〉，頁40。

工夫論等，以避免割裂抽離的危險。再者，除了表現出「持續的觀念」外，也應透顯出「再現的觀念」，也就是除了相承性的研究外，也要注意其創新面的意義。是以，我們除了明瞭到「觀念史」研究方法的好處之外，其侷限性也應謹慎運用，因此本文同時會結合詮釋學的方法論，以作更清楚的爬梳。

　　第二、以「詮釋學」作為方法。在這方面，當代中國學者已有討論，首先如傅偉勳曾對於中國思想傳統提出「創造的詮釋學」，其基本包涵五個層次，即實謂層、意謂層、蘊謂層、當謂層與必謂層。「實謂層」實指「原思想家實際上說什麼」；「意謂層」意指「原思想家想要表達什麼」；「蘊謂層」揣摩「原思想家想說的可能蘊涵什麼」；「當謂層」追索「原思想家本來應當說出什麼」；「必謂層」則盼望接續「原思想家未完成的課題」。〔註63〕傅偉勳認為對於文本（與經典對話），只要能夠繼往與開來，那麼在批判的繼承與創造的發展中，便可成為一個創造的詮釋學者。而筆者接續此種觀點，也以「實謂層」的方法為起始，再依序其他層次的理解，試圖了解荀子／董仲舒／戴震思想的真相，以進行「視域融合」〔註64〕的詮釋活動，並運作詮釋上的反省批判，期使研究方法更為周延、正當且客觀。再者對於「詮釋」，沈清松、高柏園也提出以下看法：

> 人文科學所面對的不是因果關係，而是意義的理解、創造和傳達的問題。這時，首先我們必須對於人文現象的意義有所理解，並且在理解之後加上個人的參與，進行一種個人的詮釋（interpretation）。人文科學涉及對意義的把握，並且在把握之後一定得以個人的方法去規定意義。因此意義的傳達與詮釋，必然有主體性之參與。〔註65〕
>
> 所謂詮釋（interpretation），其基本的意義，就是吾人根據自我的生命歷史，透過客觀的方法操作，而對詮釋對象加以認識與了解，並進而對詮釋對象的意義加以抉發與建構。〔註66〕

〔註63〕參見傅偉勳：《從創造性的詮釋學到大乘佛學——「哲學與宗教」四集》（台北：東大圖書公司，1990年），頁9～10。

〔註64〕伽達瑪（Hans-Georg Gadamer）在《真理與方法》論旨中指出，詮釋的活動並不是要回到作者的原意，而是在每一次的視域融合（fusion of horizons）的過程中，對「文本」進行不同地或不一樣地理解。參見《真理與方法》（台北：時報文化出版公司，1999年），頁400。

〔註65〕沈清松：〈詮釋學的變遷與發展〉，《現代哲學論衡》（台北：黎民文化事業股份有限公司，1990年），頁292。

〔註66〕高柏園：《中庸形上思想》（台北：東大圖書公司，1991年），頁50。

根據上述的了解，對於一個詮釋的活動，「必然有主體性的參與」以及「自我的生命歷史」，因此我們可以理解到詮釋所具有的價值也在於「不只是在於抉發歷史文化的意義，同時，它也指示出吾人超越的可能與必然。」〔註67〕明乎此，我們必須更注意到一個關鍵性的問題，那就是如何成就合理的詮釋以進行對「對象的意義加以決發與建構」，這就是對於客觀方法的操作要求。袁保新便從這樣的角度，通過自我的批判，提出六項原則：

1. 一項合理的詮釋，其詮釋本身必須是邏輯上一致的。

2. 一項合理的詮釋必須能夠還原到經典中，取得文獻的印證與支持，而其詮釋觀點籠罩的文獻愈廣，則詮釋就愈成功。

3. 一項合理的詮釋應該儘可能運用經典本身無疑義的文獻來解釋有疑義的章句，用清楚的觀念來解釋不清楚的觀念。

4. 一項合理的詮釋應該將經典本身視爲在思想史上一致合諧的整體，避免將詮釋對象導入自相矛盾的立場。

5. 一項合理的詮釋，必須一方面將詮釋主題置於它們隸屬的特定時代與文化背景來了解，但另一方面也要能夠抽繹出它不受時空拘限的思想觀念，而且儘可能用現代語言與哲學經驗傳遞給讀者。

6. 一項合理的詮釋，對其詮釋方法與原則應有充分的意識，並願意透過與其他詮釋系統的對比，調整修正其方法與原則。〔註68〕

袁保新所提出的六項原則，可以爲合理詮釋者所應具備的條件基礎，讓研究者在詮釋文本的方法上，可以有更清楚的原則和方向。

第三、沈清松所主張的「對比研究法」。也就是對數個研究對象透過排比對照，呈現其一致性與差異性。

所謂對比（contrast），是指同與異、配合與分歧、採取距離與共同隸屬之間的交互運作，使得處在這種關係的種種的因素，相互敦促，而共現於同依個現象之場，並隸屬於同一個演進之韻律。簡言之，對比乃決定經驗、歷史與存有的呈現與演進的基本律則。〔註69〕

此一基本律則的對比哲學，除了具有方法論的意義外，尚有歷史與存有價值

〔註67〕高柏園：《中庸形上思想》，頁55。

〔註68〕袁保新《老子哲學之詮釋與重建》（台北：文津出版社，1991年），頁77。

〔註69〕沈清松：〈導論：方法、歷史與存有〉《現代哲學論衡》（台北：黎明文化事業股份有限公司，1990年），頁3。

的積極意義。因此在對比研究法的眞實掌握上，我們可以將數個研究對象排比來看，使對比的對象能夠在此一場域中顯示出共同性與差異性，就像索緒爾（Ferdinand de Saussure）所說「吾人對事物之了解，有賴於吾人知此物與他物之差異，而吾人所能感知之差異，正是意義之所在」〔註70〕有鑑於此，筆者並將荀子／董仲舒／戴震的氣論，予以同中有異異中求同的推敲，聯繫出他們思想義理的基本型態。其中可以運用的步驟與透顯出來的意義，筆者以爲沈清松已經說的很清楚：

> 對比的方法，首先是一種吾人藉以在研究活動進行當中，分解出研究對象之重複因素與差異因素的運作程序。其次，對比方法是吾人藉以認知對象之內在結構之步驟。最後，對比方法亦是吾人藉以把此種知識與自己的計畫或理論相互比較，透過其配合或分歧的對比關係，以便引發另一次的經驗擴大與拓深之動力所在。不但是現象、理論，即連各種思想體系、文化傳統亦皆可以藉對比法，成爲主體經驗擴大之憑藉。〔註71〕

綜上所述，本文研究方法的運用與實踐，其程序略而言之，即以「氣」的觀念史作爲問題意識的主軸，貫串荀子、董仲舒、戴震不同時代的三家思想，並透過對文本的分析與歸納，找出其創造性詮釋的合理適當。並在其中運用對比的方式，將三人的思想一一透顯出來，檢證荀子／董仲舒／戴震的思想異同，藉以還原彰顯儒家自然氣本論的整體軌跡──開端、衍化與完成；荀學可能的歷史圖像。

〔註70〕雷大科維茲（Lori Hope Lefkovitz），陳國球譯：〈創造世界：結構主義與符號學〉收錄在張雙英・黃景進中譯：《當代文學理論》（台北：合森文化事業，1991年），頁18～19。

〔註71〕沈清松：〈導論：方法、歷史與存有〉《現代哲學論衡》（台北：黎明文化事業股份有限公司，1990年），頁9～10。

第二章　荀子的氣論

第一節　氣的世界觀

一、基於氣的宇宙本體論

　　荀子哲學雖然以「人道」為主要關懷，但對於宇宙生成與自然秩序，仍舊有其哲學的邏輯架構與推衍。他的宇宙本體論主要是以氣為基礎，並由此說明萬物的本原與生成的問題。他說：

> 天地者，生之始也。〔註1〕
>
> 天地之變，陰陽之化。〔註2〕
>
> 列星隨旋，日月遞炤，四時代御，陰陽大化，風雨博施，萬物各得其和以生，各得其養以成。〔註3〕
>
> 天地合而萬物生，陰陽接而變化起，性偽合而天下治。〔註4〕
>
> 水火有氣而無生，草木有生而無知，禽獸有知而無義，人有氣、有生、有知，亦且有義，故最為天下貴也。〔註5〕

以上五則，可以分三個層次來看待。首先，荀子認為天地是創生宇宙的開始，因此說「天地者，生之始也」。然後接下來二、三、四段話，則透顯出荀子哲學

〔註1〕北大哲學系注譯：《荀子新注》（台北：里仁書局，1983年），〈王制〉，頁152。
〔註2〕《荀子新注・天論》，頁330。
〔註3〕《荀子新注・天論》，頁325。
〔註4〕《荀子新注・禮論》，頁386。
〔註5〕《荀子新注・王制》，頁153。

中以陰、陽二氣爲生化流行的宇宙觀點。荀子接連使用「天地」、「陰陽」兩個互文見義的方式，以表達陰、陽二氣在天地間生成萬物的化生作用，這就代表了陰、陽二氣其實就是「宇宙生化運行中最基本、最普遍的質素」〔註6〕，所以「陰陽接而變化起」的意義就是「天地間萬物生成的微觀層面和人文世界的存在前提」〔註7〕。基於此，我們可以再看第五則，意思就會更明顯了。因爲宇宙萬物的本原是氣，因此水火、草木、禽獸、人等也都共此一氣，雖然萬物之間有不同層次的殊別，但是其共同本原與本體的意義便昭然若揭，那就是：以氣作爲本原、本體。

以上五則都彼此相互呼應也相互印證了「以氣爲本」的思想，且還可以透露出一個觀點，那就是「天地」與「氣」之間的關係，即荀子可不可以算是一個「氣一元論」者？關於此，筆者以爲雖然荀子並沒有對「氣一元論」有明確的表述，但是我們仍然可以從中尋繹辨明。照上述看來，荀子的宇宙論不是由「天、地」產生「氣」，也不是由「氣」而產生「天、地」，而是同樣的將「天」與「陰陽」看作是一個同質性並且同等地位的關係，然後才形成萬物的。也就是說，「天、地」與「氣」在荀子的文脈概念上，是能夠「互文見義」的「異構同質詞」〔註8〕。這就表示：「氣」作爲一個宇宙萬物所共同的本始狀態、也由「氣」來作爲對世界萬物統一的理解和說明。因此我們可以更確定的認識到：對荀子而言，在「氣」之外，再也沒有其他更根源的基質了。職是之故，將荀子說成是「氣一元論的發軔者」〔註9〕，或「儒家氣本論的先聲」〔註10〕，都可以是合理的定位的。也許這樣的說明仍略嫌不足而會導致有人質疑這個論證的效力，那麼我們不妨也從當時的思想氛圍，來間接的論證荀子思想中潛在的氣本論。

〔註6〕 劉又銘認爲荀子的「『陰陽二氣』是宇宙生化運行中最基本、最普遍的質素。」參見劉又銘：〈論荀子的哲學典範及其流變〉，「荀子研究的回顧與開創」國際學術研討會（雲林：雲林科技大學漢學資料整理研究所，2006年2月18～19）會議論文，頁2。

〔註7〕 同前註。

〔註8〕 朱曉海認爲荀子的「天地」、「陰陽」是互文見義；「天」、「氣」是異構同質詞。參見朱曉海：〈荀學一個側面──「氣」──的初步摩寫〉，收入楊儒賓主編《中國古代思想中的氣論及身體觀》（台北：巨流圖書公司，1993年），頁453、482。

〔註9〕 郭志坤：《曠世大儒──荀況》（石家莊：河北人民出版社，2001年），頁216。

〔註10〕 張立文主編：《氣》（北京：中國人民大學出版社，1990年），頁18。

荀子「以氣爲本」的思想，可以說是與當時整個學術界的氛圍是一致的。
譬如同樣爲先秦時期的《左傳》就以「六氣」的「陰、陽、風、雨、晦、明」
來解釋四時與五行的生成和「五味」、「五色」、「五聲」的產生；《國語》更是
明言「陰」、「陽」二氣及其的相互作用，來作爲自然界與人身共同的構成基
質與客觀律則；而道家的莊子，也有這種觀點，莊子說：「陰陽者，氣之大者
也」〔註11〕、「人之生，氣之聚也。聚則爲生，散則爲死。……故萬物一也，……
故曰：『通天下一氣耳』。」〔註12〕；另外像具有兼含諸家氣論思想傾向的《管
子》〔註13〕，則是有意識的揭示出以「精氣」爲宇宙萬物的終極根據。凡此
種種，皆透露出雖然各家氣論的進路不盡相同，但是「以氣爲本」的思想卻
是一種基本的共識。而這便說明了用「氣本論」來概括荀子的「氣論」，在先
秦時期都並非無的放矢。誠如楊儒賓所說：「荀子在本體宇宙論方面，也接受
氣爲萬物構成的因素，人身也不例外，這點顯然與晚周的整個學術氛圍一致。」
〔註14〕

因此除了在自然界中氣的表現之外，也可以看到人身中血氣的普遍存
在。

> 水火有氣而無生，草木有生而無知，禽獸有知而無義，人有氣、有
> 生、有知，亦且有義，故最爲天下貴也。〔註15〕

> 凡生乎天地之間者，有血氣之屬必有知，有知之屬莫不愛其類。……
> 故有血氣之屬莫知於人……。〔註16〕

> 樂行而志清，禮脩而行成，耳目聰明，血氣和平。〔註17〕

> 行爲動靜待之而後適者邪？血氣之精也，志意之榮也。〔註18〕

荀子認爲人最爲天下貴，所以除了氣之外還有生、知、義的價值次序，雖
然有此層級之差，但是荀子卻並不否認以氣作爲人身之中最基礎的底蘊，

〔註11〕《先秦諸子》《莊子‧則陽》（台北，中華書局），頁908。
〔註12〕《先秦諸子》《莊子‧知北遊》（台北，中華書局），頁731。
〔註13〕《管子》精氣的思想，「具有兼含諸家氣論思想的傾向」。參見張立文主編：《氣》
　　　　（北京：中國人民大學出版社，1990年），頁37。
〔註14〕楊儒賓：《儒家身體觀》（台北：中央研究院中國文哲所籌備處，1996年），頁
　　　　71。
〔註15〕《荀子新注‧王制》，頁153。
〔註16〕《荀子新注‧禮論》，頁391。
〔註17〕《荀子新注‧樂論》，頁405。
〔註18〕《荀子新注‧賦》，頁511。

因此也將人稱作是血氣之屬，所以荀子會說「失氣而死」〔註19〕、「紲纚聽息」〔註20〕。另外又如「生之所以然者，謂之性。性之和所生，精合感應，不事而自然，謂之性。」〔註21〕，這是荀子對人之性所做的界定，雖然沒有點明性與氣的直接關係，但「精合感應」、「不事而自然」之語，其實也就意謂了人之性稟氣而生，是自然氤氳的化成。綜上所述，即表示：人雖然有知有慮，但仍不外是「陰陽和合這種天功成果」〔註22〕。

二、神：氣化的表現

　　基於「以氣爲宇宙本體」的觀點，順此脈絡往下延伸，便能看出「氣化」的作用。這充分顯示出荀子不僅只是使用到「氣」這個語彙，並且還能自覺的應用到「氣」這個概念。不過荀子對於氣化的作用則是用「神」來解釋〔註23〕，這就是荀子在認爲「氣」作爲所有存在物的共同基質後，並且還能夠承認宇宙間奇妙的「氣化」狀況的原因。

> 列星隨旋，日月遞炤，四時代御，陰陽大化，風雨博施，萬物各
> 得其和以生，各得其養以成，不見其事，而見其功，夫是之謂神。
>
> 〔註24〕

荀子以氣來解釋世界，認爲氣是萬物的共同底蘊，並且從氣的氤氳混沌到萬物的有形現象是透過一種「氣化」的作用，而這種作用，荀子界定爲「神」。雖然荀子以爲像這種「皆知其所以成、莫知其無形」〔註25〕的作用力，是人們不應該去窮究的（「唯聖人爲不求知天」〔註26〕），但是，我們不能否認，當荀子道出這樣一個理解意義的同時，應已經表示荀子對於自然界生成萬物之「所以然」的問題，是「存而不論」的肯定的。荀子不只一次的指出「神」

〔註19〕《荀子新注・解蔽》，頁431。
〔註20〕《荀子新注・禮論》，頁382。
〔註21〕《荀子新注・正名》，頁437。
〔註22〕朱曉海認爲荀子的「天地」、「陰陽」是互文見義；「天」、「氣」是異構同質詞。參見朱曉海：〈荀學一個側面——「氣」——的初步摹寫〉，收入楊儒賓主編《中國古代思想中的氣論及身體觀》（台北：巨流圖書公司，1993年），頁454。
〔註23〕筆者認爲掘發出「氣」的相關語詞的概念叢，然後放進哲學系統的架構中，作爲研究的摹寫對象，這樣會更爲完整的呈現荀子所沒有講到卻隱然認定的——「氣的哲學」。
〔註24〕《荀子新注・天論》，頁325。
〔註25〕《荀子新注・天論》，頁325。
〔註26〕《荀子新注・天論》，頁325。

的妙用，並常常與「化」連用，譬如：「神莫大於化道」〔註 27〕、「神則能化矣」〔註 28〕、「所存者神，所過者化」〔註 29〕、「屢化如神」〔註 30〕……等，可見荀子對於「神」的理解，其根本，就是「化」的作用。此亦如同朱曉海的解釋：「荀子對宇宙元氣這種奇妙的化育狀況，用神來描述」〔註 31〕。綜合上述的理解，我們可以知道，荀子認為陰陽大化這種「功」就是「神」的意思，而氣化之中就有神的作用。是以，我們可以更清楚的釐析出「氣」與「神」之間的關係：神是氣所自有自具的一種活動力與作用力，而神就是氣活動之中的一個面向之意。

　　另外，從氣化與神之中，還可以看出萬物之所以「現在而存在」的一個本體性質。其云：

> 萬物各得其和以生，各得其養以成，不見其事，而見其功，夫是之謂神。皆知其所以成，莫知其無形，夫是之謂天功。……天職既立，天功既成，形具而神生。好惡、喜怒、哀樂臧焉，夫是之謂天情；耳、目、鼻、口、形，能各有接而不相能也，夫是之謂天官；心居中虛，以治五官，夫是之謂天君；財非其類以養其類，夫是之謂天養；順其類者謂之福，逆其類者謂之禍，夫是之謂天政。〔註 32〕

從氣原初的絪縕狀態到到萬物的現象產生，氣化的作用都一直存在，不唯如此，這種「不見其事而見其功」的「神」妙作用，也依舊地持續在現象界之中，所以會說「形具而神生」。是以人的感情、感官、人們資以生存之物、猶如賞罰般的政令，也都稱作是「天情」、「天官」、「天養」、「天政」，而這也就是為什麼會說「心」為「天君」、為「神明之主」的意義所在了。也由此，我們可以證明氣的形神兼備，以及氣能化並且於「現在」中依舊「存在」的道理；並且表示：作為「本原」的氣，亦含有「本體」的意義。

　　所以「神」的意涵除了是以氣化生萬物的這種「出入甚極、莫知其門」〔註 33〕操作於無形的作用之外，更還能顯示出在人身上的遷善能力。荀子說：

〔註 27〕《荀子新注·勸學》，頁 2。
〔註 28〕《荀子新注·不苟》，頁 37。
〔註 29〕《荀子新注·堯問》，頁 610。
〔註 30〕《荀子新注·賦》，頁 514。
〔註 31〕朱曉海：〈荀學一個側面——「氣」——的初步摩寫〉，收入楊儒賓主編《中國古代思想中的氣論及身體觀》（台北：巨流圖書公司，1993 年），頁 473。
〔註 32〕《荀子新注·天論》，頁 326。
〔註 33〕《荀子新注·賦》，頁 512。

神莫大於化道，福莫長於無禍。〔註34〕

積善成德，而神明自得，聖心備焉。〔註35〕

曷謂一？曰：執神而固。曷謂神？曰：盡善挾治之謂神，萬物莫足以傾之之謂固。神固之謂聖人。〔註36〕

并一而不二，則通於神明，參於天地矣。〔註37〕

誠信如神。〔註38〕

凡治氣養心之術，莫徑由禮，莫要得師，莫神一好。〔註39〕

「神」在荀子的解釋中，可以有許多層次，然而筆者以為最根本的意義是「化」，也就是一種不能測的作用，這在宇宙論中是「氣化」的表現，而在人身修養中則是一種遷善的能力，甚至可以引申至道德修養的精神境界。所以荀子認為要專「一」執「固」的「神」才可以是聖人，也才能夠參於天地。所以治氣養心之術就是要「神」能夠「一」。而荀子說「積善成德，而神明自得」，這就是意指：人如果能夠積學不息，就可以達到讓遷善的能力極致地表現出來的一個道德境界，因此「誠信」的能力就像是「神」一樣，因為它可以讓我們到達聖境。而「神」、「明」之間的意涵，筆者以為可以借用清朝林雲銘在《增註莊子因》中的解釋：「神者，明之藏。明者，神之發。」〔註40〕也就是說，「神」是一種能明的作用與能力，而「明」是這種能力的表露，所以荀子會說心為神明之主，因為心是有「知道然後可道」的能力的。（案：積學和虛壹而靜會加強心的這個能力）

另外，對比孟子所談到的「神」的意義：

夫君子所過者化，所存者神，上下與天地同流，豈曰小補之哉！」

〔註41〕（《孟子・盡心上》）

聖而不可知之之謂神。〔註42〕（《孟子・盡心上》）

〔註34〕《荀子新注・勸學》，頁2。
〔註35〕《荀子新注・勸學》，頁6。
〔註36〕《荀子新注・儒效》，頁121。
〔註37〕《荀子新注・儒效》，頁132。
〔註38〕《荀子新注・致士》，頁272。
〔註39〕《荀子新注・修身》，頁20～21。
〔註40〕林雲銘：《莊子因》（台北：廣文書局，1971年）。
〔註41〕藝文印書館《十三經注疏》《孟子・盡心上》，頁231。
〔註42〕藝文印書館《十三經注疏》《孟子・盡心上》，頁253。

根據朱子注:「心所存主處,便神妙不測」〔註43〕、「心者,人之神明所以具眾理而應萬事」〔註44〕,我們可以知道孟子「所過者化,所存者神」這句話的意思:心的神妙不測的能力,可以讓人感化到聖境。基於這個立場,是跟荀子很類似的,都是指神在人之中的一種「化」的能力和「遷善」的意義。然而對於「神」的詮釋,依舊還是有其不同的理解。因為孟子認為「神」這種不可測就是「聖」,它是我固有之的根源於心,因此只要一心發用,就能完全地通達至聖人的境界;而對於荀子來說,「神」雖然也是可以使人遷善的一種能力,但是它必須持續的秉著「一」和「固」,然後才可以到達聖境。這也就是為什麼荀子對於心的知道,必須要先經過虛壹而靜,而孟子卻認為是「求其放心而已矣」了。

　　孟、荀這兩種不同的理路型態,筆者以為就是根源於「神聖本體」和「氣本體」的不同〔註45〕。因為是神聖本體,所以只要一心發用,便全體是聖境;而氣本體,因為「神在氣中」,所以在人身中所有的神的能力並不能一開始就神聖飽滿,因此必須專「一」執「固」,才能到達聖境。而這也就再次證明了:荀子的「神」就是「氣」所自有自具的一種作用力(能化),是氣活動之中的一個面向。

三、氣本論的定位

　　正如上述所提過的,雖然「以氣為本」的思想是當時整個學界的普遍氛圍,但是就「荀子氣論」而言,它對於儒家的氣論以及先秦氣範疇的思想成果,則仍然可以說是邁進了一大步。例如在荀子之前的《左傳》、《國語》,其云:

〔註43〕《四書集註》《孟子‧盡心上》(台北:世界書局,1952 年),頁 191。
〔註44〕《四書集註》《孟子‧盡心上》,頁 187。
〔註45〕對於氣本體的分類,筆者採用劉又銘的分法。主要是區別「氣本論」的類型,其分為「神聖氣本論」與「自然氣本論」兩類。「神聖氣本論」是指「那作為本原、本體的元氣,必須理解為一種神聖圓滿的『全氣是理』(指理本論的理)或『全氣是心』(指心本論的心)的神聖元氣」;「自然氣本論」是指「宇宙本體(元氣)暨人性實體(血氣、心氣)的作用與運行都只是生機流行、整全渾然的『自然』(但又不是道家意義下的『自然』),然而在這渾然流行的自然軌跡當中卻又蘊涵著『必然』的律則等著人去發現去遵行。這便是『自然氣本論』哲學典範的一個起點,也是「自然氣本論」一詞的文獻依據。」而筆者以為將孟、荀以「氣本論」的命題去看待的話,便可區別為「神聖氣本」和「自然氣本」的差別。參見劉又銘:〈宋明清氣本論研究的若干問題〉,收入楊儒賓、祝平次編:《儒學的氣論與工夫論》(台北:台灣大學出版中心,2005 年),頁 208。

> 天有六氣，降生五味，發爲五色，徵爲五聲，淫生六疾。六氣曰陰、
> 陽、風、雨、晦、明也。分爲四時，序爲五節。〔註46〕
>
> 民有好惡喜怒哀樂，生於六氣。是故審則宜類，以制六志。〔註47〕
>
> 夫天地之氣，不失其序；若過其序，民亂之也。陽伏而不能出，陰
> 迫而不能蒸，於是有地震。今三川實震，是陽失其所而鎭陰也。陽
> 失而在陰，川源必塞；源塞，國必亡。〔註48〕

從上面的文獻中，可以看到當時以「氣」作解釋的自然觀、人觀，並且也不
難發現，在當時的《左傳》、《國語》，卻也只是一個過於直觀的簡單比附和流
於神秘的感應模式：從六氣到五味、五色、五聲、六疾、六志，這種結構的
比擬與推論缺乏一個有系統的說明；而地震與民亂國亡也都只是服膺於陰陽
失序罷了。因此，我們必須辨明，像《國語》、《左傳》中的這種理路，在《荀
子》中是看不到的。也就是說，荀子除了選擇當時「以氣爲本」的思路外，
卻也同時的翻轉成爲另一種徑路的氣論，那就是——一種自然素樸的氣本論
（雖然荀子沒有明確的自覺到這點）。荀子說：

> 天行有常，不爲堯存，不爲桀亡。應之以治則吉，應之以亂則凶。
> 彊本而節用，則天不能貧；養備而動時，則天不能病。……受時與
> 治世同，而殃禍與治世異，不可以怨天，其道然也。故明於天人之
> 分，則可謂至人矣。〔註49〕
>
> 星隊，木鳴，國人皆恐。曰：是何也？曰：無何也！是天地之變，
> 陰陽之化，物之罕至者也。怪之，可也；而畏之，非也。夫日月之
> 有蝕，風雨之不時，怪星之黨見，是無世而不常有之。〔註50〕

荀子認爲自然界的運行變化，是有其規律秩序的，不會因爲人世間社會政治
的不同而有所改變；另外像星墜、木鳴、日蝕月蝕、風雨不調、怪星等出現，
也都只是天地之變、陰陽之化的一種自然現象而已，人們無需爲此驚恐。是
以荀子認爲「天」是「自然」的，它沒有意志能降禍福，而禍福皆是操之於
人爲，所以說「強本而節用，則天不能貧；養備而動時，則天不能病」。荀子

〔註46〕藝文《十三經注疏》《左傳昭公元年》，頁708。
〔註47〕藝文《十三經注疏》《左傳昭公二十五年》，頁888。
〔註48〕《國語・周語上》。
〔註49〕《荀子新注・天論》，頁323。
〔註50〕《荀子新注・天論》，頁330～331。

這種人爲「應之」的積極面，跟《左傳》、《國語》把所有的現象（自然、社會、政治）結果都單純地歸因於「氣」是很不相同的，《史記‧孟子荀卿列傳》說到：「荀卿嫉濁世之政，亡國亂君相屬，不遂大道而營於巫祝，信機祥。」就是反映出荀子客觀理性的認知。

　　不過儘管如此，荀子雖然重視客觀理性，但是對於「自然」，卻並非視爲一種完全的客體，也不是要將本體與現象割裂，相反的，是如前所述：萬物存在的基質是有一共同的底蘊——「氣」。既然如此，那麼聯合著荀子理性要求的「天人之分」和荀子前理解下預設的「天人之合」，又是該如何解釋？或許，這就如同劉又銘先生以爲的是「合中有分」的關係，「在荀子思想中，人與天地萬物雖然各有差異，卻共同在氣的生化運行中彼此連續、互相聯繫、合而爲一」〔註51〕。荀子不同於孟學立場下那種神聖飽滿的「與天本是一」的立場（神聖氣本論），而是一種在自然素樸的共同基調上，再不斷尋繹出「天生人成」的可能性（「自然」中的「必然」）。這種弔詭的「合中有分」的天人關係，或許更可以證明了：荀子以「氣」爲萬物基質的同時，「氣」同樣也有的「弱性價值內蘊」的意義〔註52〕。因此，我們可以明瞭，荀子的「氣」，其內容絕對不是純粹「物質」性的理解，而是可以蘊含價值（非先驗飽滿）以及帶有氣化的神妙作用的。

第二節　氣與禮／（理）的關係

一、禮的內在性——潛藏於欲、情中的秩序

　　荀子說「人無禮則不生」〔註53〕、「禮者，人道之極也」〔註54〕，荀子認爲「禮」是人之所以爲人的意義所在，也是人們爲人處事的最高原則。而荀

〔註51〕劉又銘：〈合中有分——荀子、董仲舒天人關係論新詮〉，「中國文哲當代詮釋：文本、對話與詮釋」學術研討會（台北：國立台北大學中國語文學系，2005年10月）會議論文，頁6。

〔註52〕在孟學立場下，「氣」已是先天飽滿的價值意義，那麼也就不可能提出「天人之分」的可能性。就因爲荀子的「氣」是一種弱性的價值內蘊，所以才有可能提出「天人之分」，而又因爲「氣」並非物理性質，且還是萬物的共同基質，那麼它就能夠有「天人合一」的立場，因此也才會有「合中有分」的關係。這種推論，在孟、荀心性論與工夫論中也可看到。

〔註53〕《荀子新注‧修身》，頁19。

〔註54〕《荀子新注‧禮論》，頁377。

子又說:「人之性惡,其善者僞也」、「凡禮義者,是生於聖人之僞,非故生於人之性也」〔註 55〕。荀子認爲善是後天人爲的,並強調禮義是出於聖人而非出於人所本來。

照這樣看來,荀子的價值根源何在?牟宗三曾批評道:「僞禮義之聖人可遇而不可求,禮義之僞亦可遇而不可求,如是則禮義無保證,即失其必然性與普遍性。」〔註 56〕而勞思光則是更爲嚴厲的批判作「墮入權威主義」、「大悖儒學之義」〔註 57〕的歧出。然而我們必須提出質疑,成爲荀子核心思想的「禮」,眞是如牟、勞二氏認爲的在人性之中毫無根源可言嗎?如果據牟、勞二氏來定調荀子學的話,我們將會發現荀子的「人道之極」竟是與「人」截然二分的嚴重矛盾,以及是把禮排除在人性之外,成爲一個純粹外在的假設謬誤。而這一連串的矛盾與謬誤,都促使我們產生懷疑,並不得不將禮與欲、情之間的關係作一個釐清。

> 凡人有所一同:飢而欲食,寒而欲煖,勞而欲息,好利而惡害,是
> 人之所生而有也,是無待而然者也,是禹、桀之所同也。〔註 58〕
>
> 雖堯舜不能去民之欲利。〔註 59〕
>
> 欲爲可得而求之,情之所必不免也。〔註 60〕

荀子對於欲、情有許多觀察與描述,而最根本的就是「人生固有」這一個理解,從這個理解出發,會認爲欲情本身自是「禹、桀之所同也」,欲情在人身之中的普遍性可以說是有必然保證的。所以如果認爲「聖人」與「人」不同,那便是誤解了荀子有「聖人異於常人」、「聖人之性獨善」〔註 61〕的主張。不僅如此,荀子還認爲「欲雖不可盡,可以近盡也……道者,進則近盡,退則節求,天下莫之若也。」〔註 62〕,對於人性本有的欲求,在可以的情況下,就盡可能的使它接近完全的滿足;若情況不允許,就節制欲求。由此可知,荀子對於欲情,不以爲是絕對的惡,甚至更還有一份同情

〔註 55〕《荀子新注・性惡》,頁 465;頁 469。
〔註 56〕牟宗三:《名家與荀子》(台北:台灣學生書局,1979 年),頁 227。
〔註 57〕勞思光:《新編中國哲學史》(台北:三民書局,2001 年),頁 316。
〔註 58〕《荀子新注・榮辱》,頁 52。
〔註 59〕《荀子新注・大略》,頁 541。
〔註 60〕《荀子新注・正名》,頁 457。
〔註 61〕《孟子字義疏證,性》,頁 33。
〔註 62〕《荀子・正名》,頁 457。

的理解。

　　在荀子的觀察中，這個無待而然的欲情問題，於立身處事與社會文化上都是息息相關的。這可以從荀子將人之所以為人的「禮義」，從「情欲」去作用和理解來認識。

　　　　禮起於何也？曰：人生而有欲，欲而不得，則不能無求。求而無度
　　　　量分界，則不能不爭；爭則亂，亂則窮。先王惡其亂也，故制禮義
　　　　以分之，以養人之欲，給人之求。使欲必不窮於物，物必不屈於欲。
　　　　兩者相持而長，是禮之所起也。〔註63〕

　　　　三年之喪，何也？曰：稱情而立文，因以飾群，別親疏貴賤之節，
　　　　而不可益損也。故曰：無適不易之術也。〔註64〕

　　　　兩情者，人生固有端焉。若夫斷之繼之，博之淺之，益之損之，類
　　　　之盡之，盛之美之，使本末終始，莫不順比，足以為萬世則，則是
　　　　禮也。〔註65〕

上述的三個引文，可以交代為什麼會有「禮」的起源，而筆者將之歸納有兩點：一是避免爭亂、養欲給求；二是稱情立文。荀子認為，人的欲望雖然是自然而然的本能，並沒有所謂的惡，但是一旦進入了群體之中，成為社會的存在時，那麼就會發生「欲惡同物，欲多而物寡，寡則必爭矣」〔註66〕的情況。先王為了避免人民彼此之間的利欲衝突，因此制定禮義來達到社會規範的要求，讓人民能夠在財物可以的配給下，獲得在物、欲之間的平衡。而這種合理的分配，也才能夠再回過頭來滿足人們適當的欲求。另外，人生而固有的人情，也應給予文飾來適當的抒發和調節。因為稱情立文，可以使人們在外在形式的實踐下，內化而滿足了內心情感的需求。

　　簡言之，就是禮有養與節的功能。然而我們必須再更深入的追問，為什麼禮可以用來避免爭亂、調節情感，卻也同時可以養欲稱情？這無非是顯示出：禮不是一種外在的權威，並且也沒有超驗的起源依據。也就是說，禮其實是「潛藏在慾望與情感的內在結構當中」〔註67〕，是源於欲情之中的存在。

〔註63〕《荀子新注・禮論》，頁369～370。
〔註64〕《荀子新注・禮論》，頁391。
〔註65〕《荀子新注・禮論》，頁384。
〔註66〕《荀子新注・富國》，頁168。
〔註67〕劉又銘：〈從蘊謂論荀子潛在的性善觀〉，《「孔學與二十一世紀」國際學術研
　　　　討會論文集》（台北：政治大學文學院，2001年9月），頁57。

所以荀子才會說禮是「始乎梲，成乎文，終乎悅校」〔註68〕，禮的產生能夠使人稱心快意，這便是因爲禮足以表現人內部所應有的情感，是在人情之中，所以才會一方面能夠調節，而另一方面又能夠滿足。

如上所述，禮之於欲情，並不是只有養欲稱情，也還有控制調節的功能：

> 欲雖不可去，求可節也。所欲雖不可盡，求者猶近盡；欲雖不可去，所求不得，慮者欲節求也。〔註69〕

> 故情貌之變，足以別吉凶，明貴賤親疏之節，期止矣。外是，姦也；雖難，君子賤之。故量食而食之，量要而帶之，相高以毀瘠，是姦人之道，非禮義之文也，非孝子之情也，將以有爲者也。〔註70〕

> 故死之爲道也，不飾則惡，惡則不哀；尔則翫，翫則厭，厭則忘，忘則不敬。……故變而飾，所以滅惡也；動而遠，所以遂敬也；久而平，所以優生也。〔註71〕

欲望固然不可泯滅，但可以使之「立中制節」，因此對於欲望的過猶不及都應使之適當合理。而稱情飾文也應以情感達到的怎樣程度來表現出怎樣的文飾，因此文飾絕對不是虛僞假飾，而是要「量」而爲之，以求合理適切。由上述可知，禮具有合理適當的特性，所以也才能夠反過來具有一種調節的作用，以達到滅惡、遂敬、優生，「故禮一方面是『稱情而立文』，他方面亦可以說是立文以飾情。」〔註72〕然而禮如何能夠在欲情之中而又可以適當的調節欲情？又，適當的禮是如何產生？怎樣才能夠讓眾人都以爲合理？（因爲合理，所以也才能讓眾人感到稱心快意）

> 禮者，斷長續短，損有餘，益不足，達愛敬之文，而滋成行義之美者也。〔註73〕

> 兩情者，人生固有端焉。若夫斷之繼之，博之淺之，益之損之，類之盡之，盛之美之，使本末終始，莫不順比，足以爲萬世則，則是禮也。〔註74〕

〔註68〕《荀子新注‧禮論》，頁376。
〔註69〕《荀子新注‧正名》，頁457。
〔註70〕《荀子新注‧禮論》，頁384。
〔註71〕《荀子新注‧禮論》，頁383。
〔註72〕陳大齊：《荀子學說》（台北：中國文化大學出版部，1989年），頁186。
〔註73〕《荀子新注‧禮論》，頁383。
〔註74〕《荀子新注‧禮論》，頁384。

本末相順，終始相應，至文以有別，至察以有説。〔註75〕

荀子對於這類的問題，有很明白的表示。他認爲禮是從「個人」與「人」之間感情、欲望接觸碰撞後磨合的結果，所以在經過斷之繼之、博之淺之、益之損之、類之盡之、盛之美之……等交會考驗之後，便能夠顯現出本末相順、終始相應的禮，因此，這個禮也都能夠讓人情感受到它的合理。這就表示了：禮是「欲望與情感當中所潛在著的恰當的節度與分寸」、「是欲望、情感自身所蘊含著的一個內在秩序的顯現。」〔註76〕

綜合著禮的三種特性：一、能調節制約；二、能稱情養欲；三、能本末終始，莫不順比，我們可以歸結到禮在人性之中的一個內在性。這個內在性就代表著，人生而固有的情欲，即我們稟氣而生的人性，是可以成爲我們的價值根源的。是以荀子的禮，其根源就絕非外於欲情而獨立存在。在荀子看來，禮並不是一個超驗的依據，也不是一個架空的天理，而是實實在在的在我們人身之中，並且也由人身所踏循。那麼，荀子的「以氣言性」就並不是「質樸的荀子最不透徹、最不靈光的地方」〔註77〕，相反的這反而是荀子哲學理路的一貫。因爲以氣爲本的就氣求禮，本就是荀子所理解的一本，而將禮視爲一種外來的權威主義或價值無根，這才是誤解了荀子的理路了。

二、禮／理在氣中的本體論意涵

綜上所述，荀子認爲禮是人身之中的一個內在律則，不僅如此，在荀子的概念中，是常常會有將「禮」等同於「理」的意義的。例如：

小辯而察，見端而明，本分而理。〔註78〕

禮之理誠深矣。〔註79〕

禮也者，理之不可易者也。〔註80〕

凡古今天下之所謂善者，正理平治也。〔註81〕

〔註75〕《荀子新注·禮論》，頁376。
〔註76〕劉又銘：〈從蘊謂論荀子潛在的性善觀〉，《「孔學與二十一世紀」國際學術研討會論文集》（台北：政治大學文學院，2001年9月），頁57。
〔註77〕蔡仁厚：《荀子與朱子心性論之比較》（新加坡：東亞哲學研究院，1987年），頁59。
〔註78〕《荀子新注·非相》，頁73。
〔註79〕《荀子新注·禮論》，頁377。
〔註80〕《荀子新注·樂論》，頁406。
〔註81〕《荀子新注·性惡》，頁472。

在荀子看來，禮是人們理性運作的成果以及人內在律則的表現，因此會以理來解釋禮的意義，譬如用「本分而理」、「正理平治」來形容禮；把禮與理放在同等的地位去權說等等。基於此，我們可以合理認為：荀子的禮的意涵實際上是可以等同於理的。並且也唯有這樣的詮釋，我們也才能夠明白荀子為什麼可以將人文世界的禮擴大到自然層面的理。荀子說：

> 天地者，生之始也；禮義者，治之始也；君子者，禮義之始也。為之，貫之，積重之，致好之者，君子之始也。故天地生君子，君子理天地；君子者，天地之參也，萬物之摠也，民之父母也。〔註82〕

> 禮有三本：天地者，生之本也；先祖者，類之本也；君師者，治之本也。無天地，惡生？無先祖，惡出？無君師，惡治？三者偏亡，焉無安人。故禮，上事天，下事地，尊先祖，而隆君師。是禮之三本也。〔註83〕

> 天地以合，日月以明，四時以序，星辰以行，江河以流，萬物以昌，好惡以節，喜怒以當，以為下則順，以為上則明，萬變不亂，貳之則喪也。禮豈不至矣哉！〔註84〕

荀子認為「禮有三本」，生之本、類之本與治之本，將禮的本源回溯到整個存在界的人文與自然，這無疑是將禮擴大到了「理」的意涵。譬如「天地者，生之本也」，就是意謂著「禮」跟「自然」之間的密切關係，印證「應用於自然天的範疇的『禮』就相當於『理』了」〔註85〕，在這一層理解上，荀子便理所當然地將「禮」的意義擴大到天地自然的宇宙範疇，認為「天地生君子，君子理天地」；並且是天地、日月、四時、星辰、江河、萬物等的「禮豈不至矣哉」！由此可知，禮的廣泛意涵是來自於禮相當於理的認知。而這也就是為什麼，荀子除了以理來解釋禮之外，並且還可以反過來將禮擴大解釋成理的意義所在（「夫義者，內節於人而外節於萬物者也」〔註86〕）。也就是說，作為人的本質的、社會原則的禮，和作為自然世界秩序的理，在荀子看來都是具有相同意義的。這是因為禮與理兩者是「一致的」，是「同一個原則的不

〔註82〕《荀子新注・王制》，頁152。
〔註83〕《荀子新注・禮論》，頁373。
〔註84〕《荀子新注・禮論》，頁376。
〔註85〕楊秀宮：《孔孟荀禮法思想的演變與發展》（台北：文史哲出版社，2000年8月），頁90。
〔註86〕《荀子新注・彊國》，頁321。

同表現型態」〔註87〕。

　　由此揭櫫禮所具有的理的本質，那麼荀子所謂的禮，就不再只是拘泥於傳統社會中的規範與形式，而是可以與時推移、因革損益的了。那麼荀子禮所具有的法的規範性，都不會將其推向至極端的權威主義。由這種觀點去看荀子禮的思想，就有學者提出，荀子的禮跟西方自然法的觀念是相當接近的。

> 唐凡特以自然法觀念同時帶有法律的性格與道德的性格的看法，頗能跟荀子禮的觀念相符應。馬漢寶對於自然法的論述也有助於我們理解荀子禮法思想中蘊含的意義，那就是：道德（正義）才是法律真正的基礎，也是評斷法律之善惡最後的依據。兩者雖然各有獨立的領域，卻不是完全不相干涉；它們潛在的緊密的關聯必須加以正視。〔註88〕

> 「自然法的特色是對任何人，於任何時代，在任何處所，皆能普遍而有其法律之效力。自然法亙古不易，只要人性本質無更改，自然法必固定不變。」這種特質用來描繪具有因革損益性質的「禮」一點也不爲過。由於「禮」與自然法的存在意義與效能相同，因此可以確認「禮」有著與「自然法」同等的地位。〔註89〕

自然法是所有規範綱紀中的最高原則，而其終極目標是幫助人們成爲一個有道德的人，這無疑是跟荀子的禮論若合符節。所以荀子的禮能夠同時具有理、道德、規範的這三種主張，自是與自然法的本質相當接近。並且根據上節所述，荀子禮的價值根源就是來自於人性之中，因此由人性中所開展出的「理」，的確可以亙古不易而「足以爲萬世則」。然而，我們必須辨明，同樣根源於人性中的「禮／理」，在孟荀的思路中卻有很大的不同。孟子論禮時說道：「仁義禮智，非由外鑠我也，我固有之也」（告子上）〔註90〕、「君子所性，仁義禮智根於心」（盡心上）〔註91〕，孟子用心性論的角度解釋禮義，認爲禮就在人的心性之中，是生而固有的，這就表示孟子的禮是一種先

〔註87〕參見惠吉星：《荀子與中國文化》（貴州：貴州人民出版社，1996 年），頁 85。
〔註88〕張亨：〈荀子禮法思想試論〉，收入張亨：《思文之際論集》（台北：允晨文化，1997 年），頁 184。
〔註89〕楊秀宮：《孔孟荀禮法思想的演變與發展》（台北：文史哲出版社，2000 年），頁 220。
〔註90〕《新譯四書讀本》（台北：三民，2003 年），頁 562。
〔註91〕《新譯四書讀本》（台北：三民，2003 年），頁 612。

驗性的存在，是人們要去「復」和「盡」的。這顯然跟荀子不同，荀子認為禮義雖然也是內在於人性之中，然而卻不是超驗性的存在，它必須要通過個人與人之間的試煉、磨擦，然後才不斷的發展出來〔註92〕。這種呼應本體，一步步興發開展的歷程，即「斷之繼之，博之淺之，益之損之，類之盡之，盛之美之，使本末終始，莫不順比」，然後成就了「禮」。換言之，荀子的「禮」雖然是具體化的一種規範表現，但禮的實際意義其實就是呼應於人性之中所潛存的「理」，也因此，荀子的禮是非常活潑的，它可以適用於不同時代、不同處所。

荀子的禮不是先驗而固定的天理，相反的，禮就是在「自然之中的必然」（用戴震的話來詮釋）。這就是「人之為人的根本（道德）建立在自然（天性）基礎上，禮義道德的產生是人的自然本能發展的需要和結果」〔註93〕。這種詮釋是較好的也是較為合理的，因為荀子哲學的宇宙本體，應該「是個自然主義意味的內具律則的『氣』本體」〔註94〕，而不是「禮」本體。這點跟龍宇純所認為的『禮』才是荀子哲學的本體是不同的：

> 宇宙萬有及一切人事無不涵攝於一禮字之中，禮不僅為人類行為及政治之綱紀，且亦為宇宙天地之本體。〔註95〕

> 主張「隆禮」的荀子，放眼宇宙，早已悟出了「天地以禮合，日月以禮明，四時以禮序，星辰以禮行，江河以禮流，萬物以禮昌」的「禮的宇宙觀」。〔註96〕

龍宇純根據荀子「天地以合，日月以明，四時以序，星辰以行，江河以流，萬物以昌」的一段話，將禮拉抬到最高的宇宙本體的位置，認為宇宙萬物、人事變化皆是「禮豈不至矣哉」的結果，因此主張「宇中一切不離乎禮」的禮本體，才是荀子最基本的核心觀點。這個論點雖然是意識到了荀子的禮可

〔註92〕 筆者這裡所要談的，其實就是劉又銘所說的：「禮義其實蘊藏在欲望與情感的內在結構當中，其實就是當欲望、情感與客觀情境或欲望、情感相互之間有了交會和衝突時，欲望與情感當中所潛在著的恰當的節度與分寸的代表。」參見劉又銘：〈從蘊謂論荀子潛在的性善觀〉，《「孔學與二十一世紀」國際學術研討會論文集》（台北：政治大學文學院，2001年9月），頁57。

〔註93〕 惠吉星：《荀子與中國文化》（貴州：貴州人民出版社，1996年），頁85。

〔註94〕 劉又銘：〈從蘊謂論荀子潛在的性善觀〉，《「孔學與二十一世紀」國際學術研討會論文集》（台北：政治大學文學院，2001年9月），頁58。

〔註95〕 龍宇純：《荀子論集》（台北：台灣學生書局，1987年），頁70。

〔註96〕 龍宇純：《荀子論集》（台北：台灣學生書局，1987年），頁70。

以擴及至天道與人事的問題，並且還以此解決了荀子言性惡的原因（「無非是強調禮義的重要，強調其對人類無窮盡的欲望能產生節制的重要」），但是卻忽略了一個最根本的核心問題，那就是：禮的價值根源何在？因為照龍宇純這樣的說法，禮為因、性惡只是為了因應禮的果，所以聖王起禮義而制法度的問題，也就只能是個「執著不得」的問題了。

那麼，順此脈絡下去的結果，不僅會造成荀子哲學的理論失根，更可能的還會使其理路成為矛盾與歧出。因此，筆者以為在文獻得以印證與支持的情況下，將荀子的「禮」詮釋成相當於「理」，以及有「禮／理在氣中」的意涵下，也是可以得到一個效果相等、理論相當的合理的詮釋的。這種詮釋，不僅使荀子哲學的理論系統得以整全，並且還可以揭櫫荀子具有儒家正當性意義的思想史地位。而筆者更以為，這樣的詮釋，還可以透顯出荀子禮論的最根本而重要的意義，那就是——禮的內在性與活潑性。

「禮義不外是欲望、情感自身所蘊含著的一個內在秩序的顯現」〔註97〕，所以禮是內在於人性的自然之中，而成為「涂之人可以為禹」〔註98〕的普遍性與必然性。並且也由於應著氣的發展，而展顯出禮的活潑性，所以除了禮在人世間之中，可以相當於自然法的萬世之則外，還因為氣本體的緣故，所以能夠將禮擴大到自然宇宙的層面，而帶出了天行有常的「常理」。簡言之就是：欲情是生而本有的自然之氣，而禮則是源於欲情之中的一個必然；「大參天地、廣大精神」的氣，也使得禮能夠從中擴顯出「友風子雨、德厚堯禹」。因此，我們可以得到一個結論：荀子的禮相當於理，並且是蘊含一個氣本論——「禮／理在氣中」的哲學意義的。

第三節　治氣養心

本節所要討論的是荀子工夫論的層面，然而荀子工夫論所涉及的範圍非常之廣，諸如積學、隆禮、虛一而靜、化性起偽、治氣養心……等等，皆可以說是荀子在為實踐道德所規列的修養過程。然而筆者秉持扣緊「氣論」為核心主軸的論述來做研究，因此只聚焦於氣在修養工夫上的考察。是以，筆者羅列荀子關於「氣」在工夫論上的回應，然後展開討論「以禮治氣」與「以

〔註97〕劉又銘：〈從蘊謂論荀子潛在的性善觀〉，《「孔學與二十一世紀」國際學術研討會論文集》（台北：政治大學文學院，2001 年 9 月），頁 57。
〔註98〕《荀子新注‧性惡》，頁 475。

樂調氣」的兩個議題。並且也藉此透顯出——荀子工夫論中對「氣」的掌握，以及「氣」的無所不在。

一、以禮治「氣」

「學惡乎始？惡乎終？曰：其數則始乎誦經，終乎讀禮；其義則始乎為士，終乎為聖人。」〔註99〕荀子認為治學以讀禮為終極，而修身應以聖人為道德人格的終極，這便是在說明道德的養成才是人道最終極的關懷。是以荀子一再強調學習的重要，並且希望能夠從修養的工夫上達到成賢成聖的可能。荀子說：

> 君子之學也，入乎耳，箸乎心，布乎四體，形乎動靜；端而言，蝡而動，一可以為法則。小人之學也，入乎耳，出乎口；口耳之間，則四寸耳，曷足以美七尺之軀哉！古之學者為己，今之學者為人。
>
> 君子之學也，以美其身；小人之學也，以為禽犢。〔註100〕

荀子很明確的說到君子的修為是「入乎耳，箸乎心，布乎四體，形乎動靜」，這跟孟子所說的「仁義禮智根於心。其生色也，睟然見於面、盎於背。施於四體，四體不言而喻」（〈盡心上〉）〔註101〕非常類似。而孟荀在其中所要透顯出來的便是一種心——身之間的特殊關係，認為思維與身體之間這個過程並不是二分對立的斷層。對於這種觀點，黃俊傑說到：「在西方哲學中，傳統的問題是：『身心之間的關係是什麼？』但是東方經驗則假定人通過身心修行可使身心關係產生變化。只有肯定這一假定，才能接著問『身心之間的關係是什麼』這一個問題。」〔註102〕也就是說，在東方哲學裡，必先預設了：透過身心修為就一定可以使身心關係產生變化。所以說身——心之間的關係，是一種「互滲」〔註103〕而不是斷層。基於此，我們可以知道荀子身——心之間的關係也可能是身心一體的境界：有德的君子是箸乎心並且還是美其身的。這就代表著，荀子某方面也透露出一種身體觀的價值和工夫論的意義（對身

〔註99〕《荀子新注・勸學》，頁8。

〔註100〕《荀子新注・勸學》，頁10。

〔註101〕《新譯四書讀本》，頁612。

〔註102〕參見黃俊傑：〈中國思想史中「身體觀」研究的新視野〉，《中國文哲研究集刊》第20期（2002年3月），頁544。

〔註103〕根據黃俊傑所引用安樂哲（Roger T.Ames）「身心互滲」的用語。其主張「中國哲學中的『身體』是一種『身心互滲』的過程。」參見黃俊傑：〈中國思想史中「身體觀」研究的新視野〉，《中國文哲研究集刊》第20期（2002年3月），頁543。

心問題未曾忽視），只不過，對荀子而言，其相較於孟子的身心一體，「其『內』因並不是『外』果的充分條件」〔註104〕。

> 治氣養心之術：血氣剛強，則柔之以調和；知慮漸深，則一之以易良；勇膽猛戾，則輔之以道順；齊給便利，則節之以動止；狹隘褊小，則廓之以廣大；卑溼重遲貪利，則抗之以高志；庸眾駑散，則劫之以師友；怠慢僄棄，則炤之以禍災；愚款端愨，則合之以禮樂，通之以思索。凡治氣養心之術，莫徑由禮，莫要得師，莫神一好。
>
> 夫是之謂治氣養心之術也。〔註105〕

從這段話可以顯示出荀子除了重視對禮的踐履之外，還揭櫫了禮對於身心之間的作用關係。而這就必須先從荀子對於人身的認識講起，也就是作為萬物共有基質的本體意義上來說：「水火有氣而無生，草木有生而無知，禽獸有知而無義，人有氣、有生、有知，亦且有義，故最為天下貴也。」〔註106〕荀子認為氣是宇宙間一切存在物的共同底蘊，並且人身也不例外，因此會說「失氣而死」〔註107〕、「紸纊聽息」〔註108〕。而同樣的心也不離乎氣，所以心是「血氣之精也，志意之榮也」〔註109〕，在荀子看來氣作為宇宙萬物的潛存結構，它本身卻是一種素樸的、自然的普遍存在，也就是說以氣作為本體的，其價值並不能在當下就立即顯現出來，而是必須「治氣養心、莫徑由禮」。

在荀子的修養工夫上，心是可以「知道」作價值判斷的意識活動，並且還是「居中虛、治五官」具主導帶領的位置的，就這點來看，荀子同孟子一般，皆強調心的主導地位與優先地位，不過在荀子那裡還仍須藉「禮」的修養，然後才能臻於「大清明心」。這固然是荀子重視心的修養工夫，然而除此之外，更重要的一個訊息是：荀子的心、氣其實是合而非分離，就像性與偽的關係一樣，「性者，本始材朴也；偽者，文理隆盛也。無性則偽之無所加，無偽則性不能自美。」〔註110〕而由這樣的觀念來理解，就可以很清楚的辨明

〔註104〕楊儒賓：《儒家身體觀》（台北：中央研究院中國文哲研究所籌備處，1996年），頁69。
〔註105〕《荀子新注·修身》，頁20～21。
〔註106〕《荀子新注·王制》，頁153。
〔註107〕《荀子新注·解蔽》，頁431。
〔註108〕《荀子新注·禮論》，頁382。
〔註109〕《荀子新注·賦》，頁511。
〔註110〕《荀子新注·禮論》，頁386。

孟子「養氣盡心」和荀子「治氣養心」的不同。孟子說：

> 曰：「我知言，我善養吾浩然之氣。」「敢問何謂浩然之氣？」曰：「難
> 言也。其為氣也至大至剛，以直養而無害，則塞于天地之間。其為
> 氣也配義與道，無是餒也。是集義所生者，非義襲而取之也。」（〈公
> 孫丑上〉）〔註111〕

孟子的養氣工夫，是本心一立則其他全體大用無不明，也就是當道德主體一
被喚醒，那麼其他全體就會同樣順服。這是一種「本心的不斷自我提攜，自
作主宰」〔註112〕的過程，身心氣是一，「直養而無害」。這跟荀子的「治氣養
心」有很大的差別，對此，楊儒賓說：

> 孟子學主張原身心氣為一，而在終極意義上的氣是種具有自我成
> 長、豐盈意義、統縎意識與存在的生機，因此，四端與精氣（夜氣、
> 平旦之氣、心氣）同步擴充的結果，終可轉化學者定型的身心結構。
> 但荀子的氣就是一種準物質、體質意義的氣，這種氣是普遍的，因
> 此它有交感的功能。〔註113〕

孟子的養氣工夫就來自於本心是否能「立」，如果本心能立，那麼氣就是浩然
正氣，因此說孟子的主張是「身心氣」為一。而對荀子來說，則不是如此，
雖然荀子的身心氣也是合的情況，但是由於本體是一種自然之氣，所以荀子
的內在心性是一種有限度的道德意識，它必須是要在真積力久不斷學習的修
養上，才會不斷出現，所以治氣養心的工夫必須要靠「禮」這個途徑。也就
是說，孟子的修養工夫植基於「神聖氣本體」的存在；而在荀子，則是「自
然氣本體」：

> 那作為本原、本體的元氣，必須理解為一種神聖圓滿的「全氣是理」
> （指理本論的理）或「全氣是心」（指心本論的心）的神聖元氣。
> 〔註114〕

> 宇宙本體（元氣）暨人性實體（血氣、心氣）的作用與運行都只是

〔註111〕《孟子·公孫丑上》，頁53。

〔註112〕楊儒賓：《儒家身體觀》（台北：中央研究院中國文哲研究所籌備處，1996年），
頁70。

〔註113〕楊儒賓：《儒家身體觀》（台北：中央研究院中國文哲研究所籌備處，1996年），
頁72。

〔註114〕劉又銘：〈宋明清氣本論研究的若干問題〉，收入楊儒賓、祝平次編：《儒學的
氣論與工夫論》（台北：台灣大學出版中心，2005年），頁207。

生機流行、整全渾然的「自然」（但又不是道家意義下的「自然」），
然而在這渾然流行的自然軌跡當中卻又蘊涵著「必然」的律則等著
人去發現去遵行。這便是「自然氣本論」哲學典範的一個起點，也
是「自然氣本論」一詞的文獻依據。〔註115〕

荀子這種自然素樸的氣本體特色，讓他在修養工夫上也自覺到身、心、氣的
有限價值，因此如何用有限度的道德意識去管控人們的修為，就成了很重要
的修養工夫。所以荀子不會走上孟子的路數，認為本心一立，主體價值便可
豁然彰顯。荀子在修養工夫時，其對應的過程並非簡單的調理，而是要用「治
氣」的工夫：這是對於自然氣本體而言，全生命的修養就應該是整體自我的
馴服過程，所以「莫徑由禮」。

> 凡用血氣、志意、知慮，由禮則治通，不由禮則勃亂提僈；食飲、
> 衣服、居處、動靜，由禮則和節，不由禮則觸陷生疾；容貌、態度、
> 進退、趨行，由禮則雅，不由禮則夷固僻違，庸眾而野。故人無禮
> 則不生，事無禮則不成，國家無禮則不寧。〔註116〕

心作為意識的指揮管束，其意義和作用是有限的，因此要透過「禮」去「治通」，
而在修養上禮能夠去治氣，其實也就意味了在自然情感之中有一個非意識的自
我安頓（正如前述，在荀子哲學體系中，欲、情蘊含著道德價值的傾向），「『禮』
在氣中」，氣是人身自我的一環，人身整體的氣，必須靠禮來對治；而心雖然是
意識可以管控人身，但心（也是氣）卻不是能夠立即豁顯的，因此也必須要靠
禮來修持。這種「『禮』在氣中」的意義，也就正好可以證明了「身心互滲」的
道理，基於此，筆者以為楊儒賓所說的「荀子的心氣是斷層的」〔註117〕，「禮
義是先於個體存在，它隸屬於第三世界」〔註118〕的觀點，是可以再商榷的。自
然之氣雖然無形無象，但是當荀子能夠肯定「天地以合，日月以明，四時以序，
星辰以行，江河以流，萬物以昌，好惡以節，喜怒以當，以為下則順，以為上
則明，萬變不亂，貳之則喪也。禮豈不至矣哉！」〔註119〕的同時，其實也就已

〔註115〕 劉又銘：〈宋明清氣本論研究的若干問題〉，收入楊儒賓、祝平次編：《儒學的
　　　　 氣論與工夫論》（台北：台灣大學出版中心，2005年），頁209。
〔註116〕 《荀子新注‧修身》，頁19。
〔註117〕 楊儒賓：《儒家身體觀》，（台北：中央研究院中國文哲研究所籌備處，1996
　　　　 年），頁74。
〔註118〕 楊儒賓：《儒家身體觀》，（台北：中央研究院中國文哲研究所籌備處，1996
　　　　 年），頁77。
〔註119〕 《荀子新注‧禮論》，頁376。

經預設了：氣先天上就潛存有一種秩序。所以，雖然「內在」是有限度的道德價值，但我們卻依然可以透過治氣養心的工夫，來達到聖人的道德境域。

二、以樂調「氣」

荀子以「治氣養心，莫徑由禮」的方式來作爲人身積極性的修養工夫，始乎誦經、終乎讀禮；期能神明自得，聖心備焉。荀子認爲這是可以藉由道德修養工夫，來達成自我修身的目的。然而荀子也發現，除了對於自身積極性的「治氣養心」之外，還有一種較爲消極的，但是卻也能夠成爲一種修養工夫徑路的方式──「以樂調氣」。

> 夫聲樂之入人也深，其化人也速，故先王謹爲之文。〔註120〕

> 樂行而志清，禮脩而行成，耳目聰明，血氣和平，移風易俗，天下皆寧，美善相樂。故曰：樂者，樂也。〔註121〕

> 故樂者，審一以定和者也，比物以飾節者也，合奏以成文者也；足以率一道，足以治萬變。〔註122〕

> 故樂者，所以道樂也，金石絲竹，所以道德也。樂行而民鄉方矣。
> 〔註123〕

荀子認爲音樂「入人也深」、「化人也速」，並且具有「移風易俗」的力量，所以先王惡其亂也，故「正其樂」使天下順焉。在以上幾句引言中，荀子所要表達的是音樂能夠使天下民心平和，進而達到國家安樂的目的，也就是音樂具有教化的作用，這是從國君用在教導百姓上的意義來說明的。然而筆者以爲，在教化這方面的意義上來講，可以表達出來的不僅僅只是治國方略而已，其最根本的，是音樂「所以道德也」的意義，也就是音樂爲什麼可以「道德」的問題意識。

荀子在〈樂論〉的闡述中，對於音樂的起源，則是著眼於人性欲情的觀點上來闡述的〔註124〕，這其實也暗示了荀子肯定音樂對於人從「自然的身體」

〔註120〕《荀子新注·樂論》，頁402。

〔註121〕《荀子新注·樂論》，頁405。

〔註122〕《荀子新注·樂論》，頁400。

〔註123〕《荀子新注·樂論》，頁405。

〔註124〕吳文璋：「荀子討論先王制作音樂的根源，主要的還是本著『人性論』的觀點來敘述的」，參見吳文璋：《荀子的音樂哲學》（台北：文津出版社，1994年），頁172。

轉化爲「禮義的身體」〔註125〕上所具有的修養作用，以及在這個作用中所透顯出來的工夫論——氣論的問題。荀子認爲：

> 夫樂者，樂也，人情之所必不免也。故人不能無樂，樂則必發於聲音，形於動靜；而人之道，聲音動靜、性術之變盡是矣。故人不能不樂，樂則不能無形，形而不爲道，則不能無亂。〔註126〕

> 故樂者，天下之大齊也，中和之紀也，人情之所必不免也。〔註127〕

> 夫民有好惡之情而無喜怒之應，則亂。先王惡其亂也，故修其行，正其樂，而天下順焉。〔註128〕

荀子論樂本著自然而然的哲學觀點，把音樂的產生歸結到人類欲情的自然表現，因此常言「人情之所必不免也」，這就像是欲情感官，眼耳鼻舌想要向外求索色身香味一樣，乃人之常情，在荀子看來無非是再自然不過的事。因此荀子對於這些不但不加以禁止否定，反而還以先王制禮爲名目，要以此來養人欲求，故從這一點來看，也可論證荀子所謂的「性」，並非全然是惡，只是需要去「導」而已〔註129〕。而須要去導的意義在於「樂則不能無形，形而不爲道，則不能無亂」，這跟「人之道，聲音動靜、性術之變盡是矣」是相互發明的。人有思想感情、理則價值的變化，此皆可以表現在音樂之中，因此當音樂屬於「邪汙之氣」的時候，其對應的就是人性之惡，反之，若音樂屬於善，那人們必然也可受其教化爲善，這就是爲什麼「先王惡其亂，故制雅、訟之聲以導之」的緣故。我們可以說，荀子音樂的意義除了在表現人內心的喜樂感情外，更可能的其實還是「作人的基本道理」。也就是說，荀子終究還是把音樂的功效轉而傾向「導」的意義上來說。

從荀子論樂的起源到音樂的效用，其實代表著一種從感官經驗到理性思辨的過程，並且有著「身心互滲」的特質，這裡所說的「身」、「心」，其實就是意味著身體與思維這兩種活動的關係，而對於荀子的樂論而言，則是「音樂」與「人身」／「感官」與「人道」。那麼荀子如何去處理音樂在人身上的

〔註125〕此處援引伍振勳的用語，意指「個體的身體將從『自然的』狀態轉化成『禮義的』狀態，成爲『禮義的身體』，此時身體的一言一行都是禮法的展現。」參見伍振勳：〈荀子的「身、禮一體」觀——從「自然的身體」到「禮義的身體」〉，《中國文哲研究集刊》第19期（2001年9月），頁58。

〔註126〕《荀子新注·樂論》，頁399。

〔註127〕《荀子新注·樂論》，頁401。

〔註128〕《荀子新注·樂論》，頁404。

〔註129〕而可以「導」，其實也就表示人性有善的傾向。

作用，以及音樂爲什麼可以讓人行道，又音樂與人身之間的關係是什麼……？
凡此種種，皆揭示著荀子「以氣爲本」立場下樂論修養工夫的課題。

> 凡姦聲感人而逆氣應之，逆氣成象而亂生焉；正聲感人而順氣應之，
> 順氣成象而治生焉。唱和有應，善惡相象，故君子慎其所去就也。
> 〔註130〕

> 故齊衰之服，哭泣之聲，使人之心悲。帶甲嬰冑，歌於行伍，使人
> 之心傷；姚冶之容，鄭、衛之音，使人之心淫；紳、端、章甫，舞
> 韶歌武，使人之心莊。〔註131〕

音樂的表現，和人的自然性情是有所應合的，因此荀子認爲姦聲則逆氣應之，
正聲則順氣應之，所以當我們聽到齊衰哭泣之聲，會感到心悲；聽到帶甲嬰
冑的歌曲，會令人心傷；而鄭、衛之音，會使人之心淫；紳、端、章甫，舞
韶歌武等樂曲，則會使人之心莊。這就是說明了，從音樂到人身之間其實是
一種「聲──氣──象」的關係，而這也是荀子〈樂論〉的基本預設：「音樂
之所以具備『感動人之善心』及『入人也深』、『化人也速』（〈樂論〉）的功能，
『感──應』作用過程中的關鍵質素乃是『氣』」〔註132〕。此種觀點和《禮記‧
樂記》相似：

> 金石絲竹，樂之器也。詩言其志也，歌詠其聲也，舞動其容也。三
> 者本於心，然後樂氣從之。是故情深而文明，氣盛而化神。和順積
> 中而英華發外，唯樂不可以爲僞。〔註133〕

楊儒賓對於此段的解釋爲「內在的生理律動（氣、聲）與外在的體貌間有種
不斷彰顯的過程，而在這種彰顯的過程中，精神的價值也隨著生理的律動，
擴充到人的感官形軀」〔註134〕。此種身體觀的意義，表現了兩種主軸觀念，
一是肯定以氣爲宇宙萬物共同基質的本體意義；二是「身體」本身進行「思
維」活動〔註135〕。氣作爲宇宙間萬物共同基質的意義以及可能的「同感共應

〔註130〕《荀子新注‧樂論》，頁404。
〔註131〕《荀子新注‧樂論》，頁404。
〔註132〕蔡壁名：〈感應與道德──從判比儒、道與「易傳」的成德工夫論「道德」開
　　　　展的另一種模式〉，《國立編譯館館刊》26卷2期（1997年12月），頁18。
〔註133〕藝文《十三經注疏》《禮記‧樂記》，頁681。
〔註134〕楊儒賓：《儒家身體觀》（台北：中央研究院中國文哲研究所籌備處，1996年），
　　　　頁110～111。
〔註135〕筆者採用吳光明的觀點。他認爲「『身體思維』則是身體本身在思想著──此
　　　　時身體是動態的、能思想的，而不是思想的對象，也不是充滿思想的器具。」

的潛存結構」〔註136〕時，其實就已經預設了「氣」不是一種雜然紛亂的物質結構，而是一種在先天上即潛存有秩序價值的結構。因此，我們可以說，〈樂記〉的「英華外發」與荀子〈樂論〉中音樂足以「感動人之善心」是相互闡明的。音樂能夠有所效用，實質上就自然地預設「血氣和平」、「和順積中」，此即說明了氣作為工夫修養論中的底蘊；以及人身是氣為一整體，需要調節致中，使氣達到和順（中）的境域〔註137〕。

參見吳光明：〈莊子的身體思維〉，收入《中國古代思想中的氣論及身體觀》（台北：巨流圖書公司，1993 年），頁 395。

〔註136〕楊儒賓：《儒家身體觀》（台北：中央研究院中國文哲研究所籌備處，1996 年），頁 71。

〔註137〕荀子的樂論，是基於「以氣為本」思路下去建構的，它呼應到稟氣而生的人性，也印證了基於氣為底蘊的修養工夫。

第三章　董仲舒的氣論

第一節　氣的宇宙觀

　　探討一位哲學家宇宙論的性質，就必須先弄清楚最核心的問題，即所謂以何者爲本的問題。中國哲學對於本原論的意義，其特徵就如同馮達文所描述的：「追尋、給出萬物萬事本源（本原），是爲了解釋、說明萬物萬事（含人類行爲）的現存狀況與變化法則的。」〔註1〕是以，宇宙本原論的意義不在於指出某種事物所據以開始的某種具體的東西，而是哲學意義上宇宙萬物的本原問題。我們可以知道本原與萬物之間所存在著的密切關係，它可能是關係著宇宙萬物的現存狀況與變化法則。因此，對於宇宙論的探討，其最初，就是在探討本原的問題，然後再尋繹出宇宙萬物的生成模式與運行規則。那麼，董仲舒宇宙論的研究，筆者就以此爲探討釐析的順序（羅列爲兩點討論），並勾勒爬梳出董氏背後的世界圖像，其實就是一個規律的氣的世界。

一、氣爲宇宙本原：「元」、「天」皆「氣」

　　對於董仲舒宇宙本原的討論，歷來多有爭論，而主要可分爲以下三種觀點：一、以元爲本；二、以元氣爲本；三、以天爲本。以上學者所持的論述，可以說是各有其理論的根據。而我們在處理這個問題的同時，應先從文本中去溯尋與探析，以便釐清董仲舒究竟是以何爲本來作爲其本原論的概念的。以下援引幾段原文加以判讀。

〔註 1〕 馮達文：《中國哲學的本源——本體論》（廣東：廣東人民出版社，2001 年），
　　　　　頁 24。

　　　　元者，始也，言本正也。〔註2〕

　　　　謂一元者，大始也。〔註3〕

　　　　《春秋》變一謂之元，元猶原也，其義隨以天地終始也。〔註4〕

　　　　故元者，爲萬物之本，而人之元在焉。安在乎？乃在乎天地之前。
〔註5〕

董仲舒從對《春秋》「元年春王正月」的解釋，自覺到「元」的特殊概念〔註6〕。
董仲舒將「元」解釋成「原」、「本」、「始」的意思，並且進一步的解釋到「其
義隨以天地終始」、「乃在乎天地之前」的概念，由此可知，在董仲舒的理解
中，「元」不僅僅只是單純的意謂事物的開端，並且更意有所指的是作爲萬物
本原的哲學層次的意涵。所以「元」是萬物之本，並且是在天地之前的一種
存在。基於這樣的理解，許多學者都承認董仲舒以元爲本的基本性質，像周
桂鈿就特別強調董仲舒的元的概念，認爲「宇宙的終極本原是『元』，因此，
董仲舒的宇宙本原論，可以稱爲『元一元論』。」〔註7〕同上所述，董仲舒
對於溯尋世界本原的問題時，自己便提出了「元」的答案來作爲解釋的依據，
這在文獻中都是不證自明的。然而我們必須再更深入探問的是：「元」的實質
內容究竟爲何？於此，筆者以爲可以由「氣」的概念來理解。董仲舒說：

　　　　天地之氣，合而爲一，分爲陰陽，判爲四時，列爲五行。〔註8〕

〔註2〕　賴炎元：《春秋繁露今註今譯》（台北：台灣商務印書館，1984年），〈王道〉，
　　　　頁87。
〔註3〕　《春秋繁露・玉英》，頁54。
〔註4〕　《春秋繁露・重政》，頁139。
〔註5〕　《春秋繁露・玉英》，頁54。
〔註6〕　董仲舒認爲孔子把「一」置換成「元」是孔子有意識的特別安排。然而「董
　　　　仲舒這樣相信的本身雖是一個事實，然而其確信的內容卻不是事實。寫作『元
　　　　年』是古時記錄的通例，並不是孔丘特別的措辭。」參見（日）關口順：〈董
　　　　仲舒的氣的思想〉，收入小野澤精一：《氣的思想──中國自然觀和人的觀念
　　　　的發展》（上海：上海人民出版社，1990年），頁162。
〔註7〕　周桂鈿：「董仲舒用之作爲本原的『元』就是開始的意思，它只是純時間的概
　　　　念，不包含任何物質性的內容，似乎也不包含人的意識，只是純粹的概念……
　　　　董仲舒的觀念屬於客觀唯心主義。宇宙的終極本原是『元』，因此，董仲舒的
　　　　宇宙本原論，可以稱爲『元一元論』。」參見周桂鈿：《董學探微》（北京：北
　　　　京師範大學出版社，1989年），頁38。不過筆者以爲「元」雖可放置到宇宙
　　　　本原的問題上，但卻不是一個「純時間概念」客觀唯心主義的宇宙觀。（由後
　　　　述申論之）
〔註8〕　《春秋繁露・五行相生》，頁334。

這一段文獻，道出董仲舒宇宙論的基本型態。「天地之氣，合而爲一」，董仲舒把「氣」視爲天地變化、宇宙萬物的根源，認爲由氣而分化爲陰陽、四時與五行。這裡的意義便是在說明，「合而爲一」的「一」便是「氣」，也就是宇宙本原的意思。許多學者持這個觀點，也闡述到董仲舒的以氣爲本，如關口順：「所謂『一』，就是與陰陽之氣、五行之氣在本質上是相同的一氣」〔註9〕；馮達文：「董仲舒不設置一個『太極』，而只以可感的『天地之氣』爲本源」〔註10〕；張立文：「董仲舒所謂氣，主要是指天地陰陽中和之氣。陰陽中和之氣也叫元氣，它是產生萬物和人類的本始物質」〔註11〕……等諸位學者，他們皆認爲董仲舒的宇宙本原就是「氣」。

　　道出宇宙本原爲何之後，董仲舒還進一步指出本原與萬物之間的關係，他說：

> 天地之間，有陰陽之氣，常漸人者，若水常漸魚也，所以異於水者，可見與不可見耳，……水之比於氣也，若泥之比於水也，是天地之間，若虛而實，……。〔註12〕

> 人之受氣苟無惡者，心何栣哉？吾以心之名得人之誠，人之誠有貪有仁，仁貪之氣兩在於身。〔註13〕

> 天氣上，地氣下，人氣在其間。春生夏長，百物以興；秋殺冬收，百物以藏。故莫精於氣，莫富於地，莫神於天。天地之精，所以生物者莫貴於人。〔註14〕

宇宙間到處充塞著「陰陽之氣」，而人也是稟受「氣」所生出的，所以人也有仁貪之氣的存在。這就說明了「宇宙萬物由某種本源化生而成，同時，其構成、性質與變化規則也由本源在運演過程中給定。」〔註15〕所以，氣雖然在初始時是氤氲而看不見的「一」，但是它在運演的過程中以及在萬物的性質給定中都是實際存在的構成基質，因此董仲舒會說「天地之間，若虛而實」。而

〔註9〕　（日）關口順：〈董仲舒的氣的思想〉，收入小野澤精一：《氣的思想——中國自然觀和人的觀念的發展》（上海：上海人民出版社，1990年），頁162。

〔註10〕　馮達文：《早期中國哲學略論》（湛江：廣東人民出版社，1998年），頁207。

〔註11〕　張立文：《氣》（北京：中國人民大學出版社，1990年），頁58。

〔註12〕　《春秋繁露・天地陰陽》，頁440。

〔註13〕　《春秋繁露・深察名號》，頁266。

〔註14〕　《春秋繁露・人副天數》，頁327。

〔註15〕　馮達文：《中國哲學的本源——本體論》（廣東：廣東人民出版社，2001年），頁26。

董仲舒的這種看法，可以說是和後來東漢何休所理解到的宇宙本原相同，《春秋公羊傳‧隱公元年》註裡便說到：「元者，氣也。無形以起，有形以分，造起天地，天地之始也。」〔註 16〕他們都認爲氣雖不可見，但是卻事實存在，宇宙的本原無疑是「氣」。因此整個天體運行都是氣化流行，而宇宙萬物也都以氣爲共同底蘊，這就是「天氣上，地氣下，人氣在其間」了。

　　董仲舒以氣作爲本原是可以成立的，但是我們也不得不去注意到另一個線索，那就是：董仲舒以「天」作爲本原的事實。

> 無天而生，未之有也。天者，萬物之祖，萬物非天不生。〔註 17〕

> 天地之行美也，天高其位而下其施，……是故天執其道，爲萬物祖。
> 〔註 18〕

> 天、地、陰、陽、木、火、土、金、水、九，與人而十者，天之數畢也。
> 〔註 19〕

> 仁之美者在於天，天仁也。天覆育萬物，既化而生之，有養而成之，事功無已，終而復始，凡舉歸之以奉人。察於天之意，無窮極之仁也。人之受命於天地，取仁於天而仁也。〔註 20〕

天爲萬物之祖，不僅是表現在創生義上的「萬物非天不生」，更有甚者，還是以一種信仰〔註 21〕爲表現，讓人事社會有所依歸。因此「天」便爲萬物所資，並且也成爲萬物之本的本原概念。是以許多學者以及近來的碩論研究〔註 22〕，幾乎都是採取這樣的觀點來論述董仲舒的本原意義，並且以此爲其最核心的理論架構。例如王永祥說道：「董仲舒的宇宙論以何者爲本呢？

〔註 16〕　《十三經注疏‧春秋公羊》卷七（台北：藝文印書館，2001 年）頁 8。

〔註 17〕　《春秋繁露‧順命》，頁 384。

〔註 18〕　《春秋繁露‧天地之行》，頁 429。

〔註 19〕　《春秋繁露‧天地陰陽》，頁 439。

〔註 20〕　《春秋繁露‧王道通》，頁 295。

〔註 21〕　馮達文：「天地之氣作爲宇宙創生本源的信仰意義。」筆者借用此處信仰的意義來揭櫫董仲舒對於本原信仰的意涵，雖然馮達文此處講的是天地之氣，但筆者以爲可互相通用。參見馮達文：《中國哲學的本源——本體論》（廣東：廣東人民出版社，2001 年），頁 32。

〔註 22〕　碩士論文部分，如任金子：《董仲舒的陰陽思想研究》（輔大哲研所，1982 年）；梁惠卿：《董仲舒陰陽哲學研究》（輔大哲研所，1992 年）；徐秋玲：《董仲舒的儒學轉化及其政治實踐——西漢儒生的困境：知識與權力的辯證》（政大中研所，2002 年）。

不是別的，而是他的宇宙論中另一個重要概念：『天』。」〔註23〕；余治平也認為：「關於天的信念本體直接就可以稱為『天道本體』或『天本體』。」〔註24〕不過這裡需要辨明的是，余治平所詮釋的角度完全是基於一種唯心的信念本體，因此，對於溯尋本原，便都是著重在能夠以人心本體為依歸的立場上，將「天」的概念定位為「天道本體」或「天本體」的。

　　從上所述，我們可以瞭解到一個問題，那就是董仲舒對於天的概念其實是指涉了多重的意涵：有與地相對而言的自然之天，也有屬於精神層面的終極實在。而這在儒家傳統中都是十分常見的。是以，在董仲舒的用語中，我們可以發現，光是「天」這一個字，就可以有不同的詮釋空間，所以才會有「天、地、陰、陽、木、火、土、金、水、九，與人而十者，天之數畢也」的用法，「天地」又以「天」最後去概括涵攝。因此，天的概念在董仲舒的哲學系統中可謂是多重的，並且也可以是意指宇宙本原的意義。

　　董仲舒在〈人副天數〉中說道：「於其可數也，副數；不可數者，副類。皆當同而副天，一也。是故陳其有形以著其實無形者，拘其可數以著其不可數者。以此言道之亦宜以類相應，猶其形也以數相中也。」〔註25〕這裡明確指出，人資諸天，不僅是在於不可數無形的類上，也包括了有形可數的數。因此，若以本原與宇宙萬物之間的關係而論，其所給定及歸宿者，必定也包含了有形與無形。那麼「天」的本原概念，其實就是兼賅形神、有物質有價值的容受。而這也就透顯出了另一層意涵：宇宙本原其實還有另一種詮釋的空間（可以更明確的表達存在的依據與本質意義）。

　　我們再來看董仲舒另一段資料：「王正，則元氣和順，風雨時，景星見，黃龍下；王不正，則上變天，賊氣並見。」〔註26〕這段話所要表現出來的意思是：「元氣與天是同質同位的」〔註27〕，也就是說，在董仲舒的心目中，代表宇宙本原的可以是氣也可以是天。那麼，綜合著「元」、「氣」、「天」來看，「元」所代表的據以開始的宇宙本原，其可以有兩種可能的解釋：一是「氣」；一是「天」。只是，怎樣的詮釋會是一種較好的詮釋？如果照著「以天為本」

〔註23〕王永祥：《董仲舒評傳》（南京：南京大學出版社，1995年），頁96。
〔註24〕余治平：《唯天為大——基於信念本體的董仲舒哲學研究》（北京：商務印書館，2003年），頁42。
〔註25〕《春秋繁露·人副天數》，頁327。
〔註26〕《春秋繁露·王道》，頁87。
〔註27〕韋政通：《董仲舒》（台北：東大圖書股份有限公司，1986年），頁72。

的理論脈絡下去，會不會常常走向天是人格神的定位，然後將天無限上綱到一種絕對的、主宰的終極依歸？又，還是天能夠有另外一種詮釋的可能，其實就是氣的一環？所以「陰陽之氣，在上天亦在人」，能夠由氣來含括，而天能夠有意志有情感的問題，也都能夠得到合理的詮釋。針對這個問題，筆者以爲較好的解釋〔註 28〕則是：天的實質內容其實就是氣，因此董仲舒的本體宇宙論，確切的來說，則應該是以氣爲本的。此亦如同李澤厚所說：「漢儒的『天人合一』是爲了建立人的外在行動自由的宇宙模式，這裡『天』在實質上是『氣』，是自然」〔註 29〕。

而這個哲學的定位，有待將董仲舒哲學體系做全盤的考察（在人性論、工夫論上得到印證）後更爲釐清。或許我們會發現，其實把董仲舒哲學作「以氣爲本」的定位，不僅可以呼應當時的學術氛圍以及後來整個東漢的學術走向，更有可能的是將董仲舒讓人貶低的、消極的哲學理路（神學、災異），從而有重新「解釋的轉向」的可能。透過另一種典範的樹立，再回過頭來看董仲舒的哲學，或甚至放在整個中國思想史上看待，便會有所肯定或有所銜接了。

二、氣化宇宙觀：陰陽、五行之氣的存在樣式

從戰國末年到漢代，是建立宇宙系統的流行時期。如《呂氏春秋》、《黃帝內經》、《淮南子》、《春秋繁露》、《白虎通義》等，都各自有一套宇宙模式。他們彼此之間雖然大同小異，但是卻也各自著重了不同的運思理路。與董仲舒時代相近的《淮南子》而言，其勾勒出的宇宙模式爲：

> 天墜未行，馮馮翼翼，洞洞屬屬，故曰太昭。道始於虛廓，虛廓生宇宙，宇宙生元氣。元氣有涯垠，清陽者薄靡而爲天，重濁者凝滯而爲地。清妙之合專易，重濁之凝竭難，故天先成而地後定。天地之襲精爲陰陽，陰陽之專精爲四時，四時之散精爲萬物。〔註 30〕

〔註 28〕筆者採取張鼎國對於詮釋學上，「較好的理解」的概念。「他並不直接提供真理的判準（Wahrheitskriterium /criteria of truth），而只志在透過詮釋對話的進行，促成真理的發生展現，並且因而能造成實際效應（Wirkungen /effects）爲真正目的。」參見張鼎國：〈「較好的」還是「不同地」理解：從詮釋學爭看經點註疏中的詮釋定位與取向問題〉，收入《中國經典詮釋傳統（一）：通論篇》（台北：喜瑪拉雅基金會，2002 年），頁 47～48。

〔註 29〕李澤厚：《波齋新說》（台北：允晨文化，2000 年），頁 135。

〔註 30〕《淮南子集釋》（北京：中華書局，1996 年），頁 79。

《淮南子》勾勒出太昭、虛廓、陰陽、天地、四時的宇宙架構，並且認爲在萬物生成之前，是一種虛廓的太昭存在。也就是說「太昭」作爲宇宙萬物的本始，然後才化生萬物，這跟稍後東漢《白虎通義》的理解是一樣的。《白虎通義》也標榜著一種混沌而看不見的「太初」，其云：「始起先有太初，然後有太始，形兆旣成，名曰太素，混沌相連，視之不見，聽之不聞。」他們認爲在萬物生成、陰陽分判之前還有一個「太昭」、「太初」，以揭示宇宙本原的混沌樣式或玄秘性質。雖然，他們都把氣當作是一種遍在的存在質素，而成爲氣化宇宙觀，然而這跟董仲舒所注重的卻是不盡相同。因爲在董仲舒的理解中，他是更鮮明的將「氣」這個概念直接使用，並且代表著的不僅是氣化也是氣本原的意涵。那麼，董仲舒所要勾勒出來的世界圖像，其要揭櫫的、更強調的就是實有不虛、動健不息的氣化宇宙觀了。首先，他描述到宇宙的結構以及結構之間關係的簡單模式：

> 天有十端，十端而止已。天爲一端，地爲一端，陰爲一端，陽爲一端，火爲一端，金爲一端，木爲一端，水爲一端，土爲一端，人爲一端，凡十端而畢，天之數也。〔註31〕

> 天、地、陰、陽、木、火、土、金、水、九，與人而十者，天之數畢也。故數者至十而止，書者以十爲終，皆取之此。聖人何其貴者，起於天，至於人而畢，畢之外，謂之物，物者，投其所貴之端，而不在其中，以此見人之超然萬物之上，而最爲天下貴也。〔註32〕

> 天地之氣，合而爲一，分爲陰陽，判爲四時，列爲五行。〔註33〕

天、地、陰、陽、五行、人，是構成宇宙萬物最基本的質素，因此稱爲「天之數」——也就是十端，而在十端之外的便是物而已。由此可見，在董仲舒，天地人、陰陽、五行，都是構成世界萬物非常重要的因素。而十端的意涵，也並不只是物質性的客觀存在，因爲它們之間總是彼此牽引、相互發生與作用變化，然後才有現象界萬物的產生，所以「畢之外，謂之物」。那麼宇宙間的運轉變化究竟爲何？董仲舒便提出「天地之氣，合而爲一，判爲四時，列爲五行。」的氣化宇宙模式的架構。

　　董仲舒認爲，「氣」是宇宙的本原，能使天地顯現而化生萬物，而這中間

〔註31〕《春秋繁露・官制象天》，頁195。
〔註32〕《春秋繁露・天地陰陽》，頁439。
〔註33〕《春秋繁露・五行相生》，頁334。

的過程便是由陰、陽二氣分化而來，所謂「陽，天氣也；陰，地氣也。」天氣屬陽、地氣屬陰，然後再由陰、陽二氣的運行出入成為四時的季節更替。董仲舒說：

> 春出陽而入陰，秋出陰而入陽，夏右陽而左陰，冬右陰而左陽。陰出則陽入，陽出則陰入，陰右則陽左，陰左則陽右，是故春俱南，秋俱北，而不同道；夏交於前，冬交於後，而不同理；並行而不相亂，澆滑而各持分，此之謂天之意。〔註34〕

> 陽氣始出東北而南行，就其位也，西轉而北入，藏其休也。陰氣始東南而北行，亦就其位也，西轉而南入，屏其伏也。故陽以南方為位，以北方為休；陰以北方為位，以南方為伏。〔註35〕

由上述可知，正是陰、陽的流轉交替才成為了四時的變化，並且我們也可以發現，陰、陽與四時的關係，並非一種靜態的配制，而是透過陰、陽與方位運行的配合，然後才闡明四季的交替。因此可以說陰、陽的內容，其實是「自然天象和人事中的兩種基本勢力及其相互關係和由此導致的變化發展過程的」〔註36〕，這一對範疇，可以說是動態的、生生不息的。「有多而無溢，有少而無絕」〔註37〕，陰、陽在天體運行中並不是孤立的存在，只是在配置上是陰或陽佔了主導地位而已，而這就是「相反之物」（陰、陽），「不得俱出」〔註38〕、「不得兩起」〔註39〕之所以能夠共存的事實。

除此之外，董仲舒也用五行之氣來解釋世界的生成與變化。

> 天地之氣，合而為一，分為陰陽，判為四時，列為五行。行者，行也。其行不同，故謂之五行。五行者，五官也，比相生而間相勝也，故為治，逆之則亂，順之則治。〔註40〕

> 五行之隨，各如其序；五行之官，各致其能。是故木居東方而居春氣，火居南方而主夏氣，金居西方而主秋氣，水居北方而主東氣；

〔註34〕《春秋繁露・陰陽出入上下》，頁311。
〔註35〕《春秋繁露・陰陽位》，頁305。
〔註36〕郭齊勇：〈中國哲學史上非實體思想〉，《哲學與文化》26卷第11期（1999年11月），頁1004。
〔註37〕《春秋繁露・陰陽終始》，頁307。
〔註38〕《春秋繁露・陰陽出入上下》，頁311。
〔註39〕《春秋繁露・天道無二》，頁314。
〔註40〕《春秋繁露・五行相生》，頁334。

> 是故木主生而金主殺，火主暑而水主寒，使人必以其序，官人必以
> 其能，天之數也。〔註41〕

在董仲舒，五行用以建構的宇宙世界是一個相生相勝的運行系統，因此其所構築的世界也不會是一個機械式的呆滯狀態，所以我們可以瞭解五行的內容其實是五種力量、五種能力，相生相勝的作用過程，誠如馮友蘭所說的：「我們切不可將它們看作靜態的，而應當看作五種動態的互相作用的力」〔註42〕。五行的運轉除了配合著四時、方位來建築宇宙的基礎架構外，還能夠用以解釋政治的運作與人事的秩序，所以董仲舒會將五行推至「五行者，乃孝子忠臣之行也」〔註43〕。

　　五行的運轉動健不息，這跟陰陽的消長出入都是佔有同樣的作用的，因此無論是陰陽還是五行，其意義都只是在展現出一個氣化的宇宙世界。職是之故，陰陽五行可以用來解釋宇宙萬物，而宇宙萬物也都可以推本至陰陽五行了。這就是「物莫無合，而合各相陰陽」〔註44〕；「明陽陰入出、實虛之處，所以觀天之志；辨五行之本末、順逆、小大、廣狹，所以觀天道也」。〔註45〕

　　如上所述，明白了陰陽的消長與五行的運轉，就可以洞悉整個宇宙世界，這無疑表示出董仲舒對於陰陽、五行的重視，而其中更透顯出來的意義即是：一個屬於氣的宇宙世界。無怪乎《漢書》如是評價董仲舒：「始推陰陽，為儒者宗」。董仲舒對於陰陽、五行與宇宙間的建構整合，不惟是繼承了先秦漢初的陰陽氣化宇宙觀，更特出的是，他強烈表達了一個儒者的關懷：「唯人獨能為仁義」、「唯人獨能偶天地」〔註46〕。凸顯出「人」的重要性，並還「改變了傳統陰陽之學的基本局面」〔註47〕。

> 是故陽行於順，陰行於逆；逆行而順，順行而逆者，陰也。是故天
> 以陰為權，以陽為經；陽出而南，陰出而北；經用於盛，權用於末；……
> 先經而後權，貴陽而賤陰也。〔註48〕

〔註41〕《春秋繁露‧五行之義》，頁287。
〔註42〕馮友蘭：《中國哲學簡史》（北京：北京大學出版社，1985年），頁158。
〔註43〕《春秋繁露‧五行之義》，頁287。
〔註44〕《春秋繁露‧基義》，頁320。
〔註45〕《春秋繁露‧天地陰陽》，頁440。
〔註46〕《春秋繁露‧人副天數》，頁327。
〔註47〕關於這點，筆者採納余治平的說法。參見余治平：《唯天為大——基於信念本體的董仲舒哲學研究》（北京：商務印書館，2003年），頁155。
〔註48〕《春秋繁露‧陽尊陰卑》，頁290。

　　天之道，有倫、有經、有權。〔註49〕

董仲舒將陰、陽與經、權結合，其意義在於解釋自然界運行的秩序與軌跡。
也正因為有經有權，因此整個宇宙機制便是一個活潑而有生氣的周行運轉，
不會再像是傳統陰陽家「使人拘而多畏」。因為在傳統陰陽造化的體制下，整
個世界好像就是那樣預設固定好的了，沒有留下任何的空白與轉圜的空間，
是以司馬談會對陰陽家所建構的制式單調的「天下綱紀」評下「拘而多畏」
的結語。然而董仲舒卻不同，董仲舒雖然接收了陰陽學派的思想，但是在基
本面上，還是走向了儒家的路數，認為宇宙世界是有經有權的可供行事變通，
因此他提出「陽經陰權」。不過經、權的流行並不是任意的變化，其「變通的
結果仍不允許違反常道，此之謂權不離經」。〔註50〕這是董仲舒很重要的「陽
經陰權」思想，也是董仲舒氣化宇宙觀的一個特色和思想史上的轉折意義。

　　綜合上述，董仲舒所主張的，的確是在陰陽之學盛行的籠罩下，為留有
儒家真精神所做的變通之學，是以勞思光所言：「荀卿學無所歸，董氏之學則
歸於邪妄」〔註51〕，或許仍需再商榷。

三、氣本論視野下的天人感應說

　　在上述的二節中可以知道：萬物的本原是氣，整個宇宙也是氣化流行的
表現。而既然宇宙萬物在本體的狀態上是具有共同的本質的，那麼宇宙萬物
進入現象界中，它們之間也應該能有類似而應合的地方，這就是董仲舒所認
為「天道各以其類動」、「同類相動」的理論根據。

　　百物其去所與異，而從其所與同。故氣同則會，聲比則應，其驗皦
　　然也。試調琴瑟而錯之，鼓其宮，則他宮應之，鼓其商，而他商應
　　之，五音比而自鳴，非有神，其數然也。美事召美類，惡事召惡類，
　　類之相應而起也，……物故以類相召也，……。〔註52〕

　　故陽益陽，而陰益陰，陰陽之氣因可以類相益損也。天有陰陽，人
　　亦有陰陽，天地之陰氣起，而人之陰氣應之而起，人之陰氣起，天
　　地之陰氣亦宜應之而起，其道一也。〔註53〕

〔註49〕《春秋繁露・陰陽終始》，頁 308。
〔註50〕韋政通：《董仲舒》（台北：東大圖書股份有限公司，1986 年），頁 91。
〔註51〕勞思光：《新編中國哲學史》（二）（台北：三民，2001 年），頁 40。
〔註52〕《春秋繁露・同類相動》，頁 330～331。
〔註53〕《春秋繁露・同類相動》，頁 331。

從陰陽之氣的會通與接合上，同類與異類的事物便形成相互損益的情況。所以在琴瑟上敲打出宮音，其他的宮音就會相應；演奏出商音，則其他的商音也會相應，這是很自然的事。因此，我們可以知道，董仲舒認爲以類相召、同類相動的感應發生，並不是神的作用，而是一種自然而然的數使之然也。這就是說明了，能夠使感應發生的前提，是來自於陰陽之氣；而感應活動的發生，則是陰陽之氣作用的結果。是以「非有神，其數然也」。

由陰陽之氣而感通，在天、人之間也是如此。不過董仲舒更強調的是作爲天之數十端之一的「人」，其能天人感應的作用與意義。因爲，「唯人獨能偶天地」、「所取天地多者」〔註54〕、「人生於天而取化於天」〔註55〕，這就代表著只有人，才是天的副本，因此「求天數之微，莫若於人」〔註56〕。天、人之間這種雙向的類合現象，就是感應的作用，是以「人副天數」的意涵不只解釋了人的本原與生成，並還透顯出天人之間能夠相互感應的前提與條件。而這個前提與條件，就是「氣貫通天人」〔註57〕、「由陰陽性情而感通」〔註58〕。

> 夫喜怒哀樂之發，與清暖寒暑其實一貫也。喜氣爲暖而當春，怒氣爲清而當秋，樂氣爲太陽而當夏，哀氣爲太陰而當冬。四氣者，天與人所同有也，非人所能蓄也。故可節而不可止也，節之而順，止之而亂。〔註59〕

> 天亦有喜怒之氣、哀樂之心，與人相副。以類合之，天人一也。春，喜氣也，故生；秋，怒氣也，故殺；夏，樂氣也，故養；冬，哀氣也，故藏。四者，天人同有之，有其理而一用之。與天同者，大治；與天異者，大亂。〔註60〕

> 陰陽之氣在上天亦在人，在人者爲好惡喜怒，在天者爲暖清寒暑，出入上下，左右前後，平行而不止，未嘗有所稽流滯鬱也。〔註61〕

〔註54〕 《春秋繁露・人副天數》，頁327。
〔註55〕 《春秋繁露・王道通》，頁296。
〔註56〕 《春秋繁露・官制象天》，頁196。
〔註57〕 援引韋政通的用語。參見韋政通：《董仲舒》（台北：東大圖書股份有限公司，1986年），頁74。
〔註58〕 援引余治平的用語。參見余治平：《唯天爲大——基於信念本體的董仲舒哲學研究》（北京：商務印書館，2003年），頁232。
〔註59〕 《春秋繁露・王道通》，頁296。
〔註60〕 《春秋繁露・陰陽義》，頁309。
〔註61〕 《春秋繁露・如天之爲》，頁436。

如前所述，天有陰陽，人亦有陰陽；在天爲暖清寒暑，在人爲喜怒哀樂。而天也有喜怒哀樂之氣，所以四時亦有生養殺藏。也就是說，「情與氣，在人也在天；情與氣，通人也通天」〔註62〕。氣與情作爲天、人能夠感通的橋樑，那麼「以類合之，天人一也」的意思就是天即是氣並且也肯定了情的存在。（其實情與氣是一致而不相悖逆的）職是之故，我們可以知道天作爲氣本原的意義，不是素樸的唯物主義觀，也不是純粹唯心的信念本體，當然也不是擁有絕對主宰的至高無上神。它形神兼備，「可以解釋自然、精神、倫理、社會諸現象，它是一個無窮大的本原，宇宙間的諸種實在，無論是物質的、精神的，抑或倫理的，都是由它所化生，最終又復歸於它。」〔註63〕並且，當董仲舒在論述到天的好惡表現的時候，其所呈現的常也只是四時生養殺藏的自然變化而已（好講陰陽五行，很少提到有意志的天），因此實在不應過度詮釋董仲舒天人感應的天的意志——非忽喜忽怒，唯心隨意。它還是不離氣的屬性和作用，有相當的氣的成分。

　　董仲舒以氣本論的立場提出天人之間的關係，那麼天人感應下的目的論，終究還是要使人道合於天道，「與天同者，大治；與天異者，大亂。」董仲舒接續著說：

> 故爲人主之道，莫明於在身之與天同者而用之，使喜怒哀樂必當義而出，如寒暑之必當其實乃發也，使德之厚於刑也，如陽之多於陰也。是故天之行陰氣也，少取以成秋，其餘以歸之冬；聖人之行陰氣也，少取以立嚴，其餘以歸之喪，喪亦人之冬氣。〔註64〕

> 事各順於名，名各順於天，天人之際，合而爲一。同而通理，動而相益，順而相受，謂之德道。詩曰：「維號斯言，有倫有迹。」〔註65〕

人君應當深察自身與天相同的道理而去應用它，使自己的喜怒哀樂能符合四時有條不紊的運行軌跡，也就是能符合「義」。而在政治上使用德化也應多於刑罰，這就像是陽氣多於陰氣一樣。「陰陽之氣，在上天，亦在人」，其「同

〔註62〕 余治平：《唯天爲大——基於信念本體的董仲舒哲學研究》（北京：商務印書館，2003年），頁233。

〔註63〕 曾振宇此處是在講天人合一的「一」就是氣本體，不過筆者以爲在董仲舒的哲學脈絡裡：天——就是氣，就是氣本體的一種方便說法。其目的便是爲了突顯出根源性的東西。參見曾振宇：《天人衡中——《春秋繁露》與中國文化》（開封：河南大學出版社，1998年），頁46。

〔註64〕 《春秋繁露・陰陽義》，頁309～310。

〔註65〕 《春秋繁露・深察名號》，頁262。

而通理，動而相益，順而相受」，由是進入天人感應中的最終目的天人合一（天人合二爲一）〔註66〕，這就是道的具體落實，也就是「德」。董仲舒曾說過「陽，天之德；陰，天之刑」〔註67〕，由此可以知道，陰陽之氣有道德的屬性，這就代表著天也具有倫理價值的觀念（有價值的傾向）。

董仲舒將宇宙萬物歸類爲共同的本原，納進陰陽、五行當中運行出入，使得整個宇宙系統呈現出一個動態的宇宙模式。而在天人感應之中，其最終還是以天（氣本體）爲理由，從而建立起一個能夠穩定並且綿延的世界秩序。這就代表著，董仲舒哲學突出了「靈活變通性」和「世界整體性」。「所謂整體性，就是說，宇宙間的任何事物都具有或陰或陽的類的相關性；所謂靈活變通性，就是只要同屬一類，都可以互換、互釋、互相通感。」〔註68〕這是董仲舒企圖將自然與社會融合爲大一統，而又不希望僵化統整後的內部擺置。因此，從氣化宇宙的觀點，便可以解釋世間萬物的林總現象。然而，我們不禁也要注意到，「這種整體觀所觸及的事物的類的相關性，有著相當的牽強性？這種同類的靈活變通性，有著過份的隨意性？」〔註69〕這就是爲什麼董仲舒會認爲「欲致雨，則動陰以起陽；欲止雨，則動陽以起陽」〔註70〕，然後還以極爲繁瑣的方法，說明求雨止雨之術。

> 春旱求雨，令縣邑以水日禱社稷山川，家人祀戶，無伐名木，無斬山林，暴巫，聚尪，八 日於邑東門之外，爲四通之壇，方八尺，植蒼繒八，其神共工，祭之以生魚八、玄酒、具 清酒、膊脯，擇巫之潔清辯利者以爲祝，祝齋三日，服蒼衣，先再拜，乃跪陳，陳已，復再拜，乃起。……〔註71〕

> 天生五穀以養人，今淫雨太多，五穀不和，敬進肥牲清酒，以請社靈，幸爲止雨，除民所 苦，無使陰滅陽，陰滅陽，不順於天，天之

〔註66〕 筆者採以董仲舒的天人合一是合中有分的。陳榮捷：「應感、相類皆以天人爲二」；劉又銘主張董仲舒的天人關係爲「合中有分」、「低強度的『天人合一』說」。參見陳榮捷：〈天人合一〉，收入韋政通：《中國哲學辭典大全》（台北：水牛圖書，1983 年），頁 149。劉又銘：〈合中有分——荀子、董仲舒天人關係論新詮〉，「中國文哲當代詮釋：文本、對話與詮釋」學術研討會（台北：國立台北大學中國語文學系，2005 年 10 月）會議論文。

〔註67〕 《春秋繁露・陽尊陰卑》，頁 290～291。

〔註68〕 馮達文：《早期中國哲學略論》（湛江：廣東人民出版社，1998 年），頁 215～216。

〔註69〕 馮達文：《早期中國哲學略論》（湛江：廣東人民出版社，1998 年），頁 217。

〔註70〕 《春秋繁露・同類相動》，頁 331。

〔註71〕 《春秋繁露・求雨》，頁 399～400。

常意在於利人，人願止雨，敢告於社。……凡止雨之大體，女子欲
其藏而匿也，丈夫欲其和而樂也，開陽而閉陰，闔水而開火。〔註72〕

將求雨、止雨分判爲陰、陽兩種屬性，然後若欲求雨則開啓「陰」停止「陽」；
若要止雨則開啓「陽」停止「陰」。姑且不論這種求雨止雨的儀式是否爲早期
方術巫術的遺跡，但我們仍可以感受到這種類的歸入與類的轉換的不可思
議，而最終仍究是要走上神學的解釋。這就是「感應的演進則必然導致神秘
化、個體化和心理傾向的出現」。〔註73〕

董仲舒以觀察和經驗的客觀立場下，去解釋整個宇宙世界的生成與天人
之間的關係，然而最後還是走上了神秘的路數，甚至影響之後的災異、讖緯
之說。這或許可以提供我們一個思考的空間：爲什麼漢代是一個對宇宙起源
演化，富有理性精神的時代，卻同時又是帶有濃厚的神學災異色彩的一個時
代。另外，從災異譴告來看：

天地之物有不常之變者，謂之異，小者謂之災。災常先至，而異乃
隨之。災者，天之譴也；異者，天之威也。譴之而不知，乃畏之以
威。……譴告之而不知變，乃見怪異以驚駭之，驚駭之尚不知畏恐，
其殃咎乃至。以此見天意之仁而不欲陷人也。〔註74〕

董仲舒認爲天能佈下災異來譴告世人，這固然使天帶有人格神的色彩〔註75〕，
然而我們必須再深究的是，董仲舒講災異的效果，其實也只是一種警告（希望
國君百姓都能行天之德），其「殃咎乃至」，也都是咎由自取的結果。所以筆者
以爲，對於董仲舒的災異之說，可以換一種角度切入：「董仲舒所謂天的『意』、
『欲』其實不能超出天的內在價值體系，其實不能恣意任情，不能用神蹟的方
式來解決問題並因而破壞正常的因果律。這樣的『天意』，除了帶有人格神色彩
外，並沒有溢出或離開『天道』的內涵太多；甚至它人格神色彩也遠不是西方
宗教那樣的程度。」〔註76〕而董仲舒講災異，其目的也只是爲了使人「貴微重

〔註72〕《春秋繁露·止雨》，頁 407～408。
〔註73〕余治平：《唯天爲大——基於信念本體的董仲舒哲學研究》（北京：商務印書
　　　館，2003 年），頁 233。
〔註74〕《春秋繁露·必仁且智》，頁 236。
〔註75〕王俊彥認爲「董仲舒乃人格神之氣化論」。參見王俊彥：《王廷相與明代氣學》
　　　（台北：秀威資訊科技，2005 年），頁 19。
〔註76〕劉又銘：〈合中有分——荀子、董仲舒天人關係論新詮〉，「中國文哲當代詮釋：
　　　文本、對話與詮釋」學術研討會（台北：國立台北大學中國語文學系，2005
　　　年 10 月）會議論文，頁 11。

始」。與「天人感應」思路一樣，因為太過重視理性的結果竟推向神學的領域；因為太想要讓人從一開始就戒慎警惕，結果又走向了災異神祕。然而不管之後的目的、走向、效果是什麼，在董仲舒天人感應的主張裡，有符合於自然氣本論下的理論型態，並且也看不到大悖於自然氣本論下的思想路數。

第二節　陰陽氣化的人性論

一、陰陽性情觀：陽仁陰貪與性情一暝

　　紹承第一節以「氣」為宇宙本原的哲學理路，董仲舒人性論的思想也是與氣緊密聯繫著的。蘇輿曾評斷到：「以陰陽言性，始於董子」〔註77〕，這就是意指董仲舒以宇宙陰陽的高度來理解、辨明人性論的問題，而這實際上也就是跟董仲舒以氣為本思想為一貫理路的論證。

> 人受命於天，有善善惡惡之性，可養而不可改，可豫而不可去，若形體之可肥臞而不可得革也。〔註78〕

> 今善善惡惡。好榮憎辱，非人所能生，此天施之在人者也。〔註79〕

> 人之受氣苟無惡者，心何稽哉？吾以心之名得人之誠，人之誠有貪有仁，仁貪之氣兩在於身。身之名取諸天，天兩，有陰陽之施，身亦兩，有貪仁之性；天有陰陽禁，身有情欲柜，與天道一也。〔註80〕

董仲舒認為人的善善惡惡以及好榮憎辱都是天所施之在人者，也就是說，人稟受於天，天有陰陽，人亦有陰陽。並且在「陽，天之德；陰，天之刑」的特質下，陰陽之氣在人性中的表現就是貪仁之氣。這也就是董仲舒從陰陽二氣的性質論人性本質的前提，以及可以說明為什麼人生而有仁、貪性質的緣故。基於此，我們可以知道，人性中的善、惡便是源出於「陽──仁」；「陰──貪」氣化作用的自然結果。

　　而人性除了稟受「陰陽之施」以外，更應「與天道一也」。這就進一步說道，人性除了自然本有的仁貪二氣之外，還應遵循「天地之常」，進而「觀天之所親而任」的價值取向。

〔註77〕 蘇輿：《春秋繁露義證・深察名號》（北京：中華書局，1992），頁309。
〔註78〕 《春秋繁露・玉杯》，頁23。
〔註79〕 《春秋繁露・竹林》，頁46。
〔註80〕 《春秋繁露・深察名號》，頁266。

身之名取諸天，天兩，有陰陽之施，身亦兩，有貪仁之性；天有陰
陽禁，身有情欲桎，與天道一也。是以陰之行不得干春夏，而月之
魄常厭於日光，乍全乍傷。天之禁陰如此，安得不損其欲而輟其情
以應天？天所禁，而身禁之，故身猶天也，禁天所禁，非禁天也。
〔註81〕

天地之常，一陰一陽。陽者，天之德也；陰者，天之刑也。迹陰陽
終歲之行，以觀天之所親而任。〔註82〕

天之道是貴陽賤陰的，所以天會有所禁止，「陰之行不得干春夏，而月之魄常
厭於日光」。又人「與天道一也」，所以人也應該順應天道，使自身能夠「損
其欲而輟其情」。由上述可知，「天的性質決定了人性的性質，天的運行規律
決定著倫理價值觀的取捨方向」〔註83〕，而聯繫著天即是氣本原的意義，我
們便可以更清楚的瞭解到為什麼董仲舒要以陰陽之氣來論及人性觀點的本質
意涵了。那就是：活潑潑的「氣」在解釋宇宙起源、自然生成之外，還順理
成章的運作在人性的本質上，而繼續發揮它的屬性、特點與功能。是故我們
便可以理解，在董仲舒以氣論性的脈絡下，人性中有先驗的仁、貪本質以及
道德價值的觀念取向。

不過，雖然董仲舒一再強調「貴陽賤陰」、「禁陰」等的價值取向，但董
仲舒也不忘「天之道，一陰一陽」的原初真相，所以董仲舒才會在講到「禁
陰」之後，還會總結的說道：是「禁天所禁，非禁天也」。這其實就是董仲舒
對於陰陽關係之間的揭示，且也藉此表達出人性中性情問題的處理。

天地之所生，謂之性情，性情相與為一暝，情亦性也，謂性已善，
奈其情何？故聖人莫謂性善，累其名也。身之有性情也，若天之有
陰陽也，言人之質而無其情，猶言天之陽而無其陰也，窮論者無時
受也。〔註84〕

人有喜怒哀樂，猶天之有春夏秋冬也，喜怒哀樂之至其時而欲發也，
若春夏秋冬之至其時而欲出也，皆天氣之然也。〔註85〕

〔註81〕《春秋繁露‧深察名號》，頁266。
〔註82〕《春秋繁露‧陰陽義》，頁309。
〔註83〕李振宏主編，曾振宇、范學輝著：《天人衡中──《春秋繁露》與中國文化》
（開封：河南大學出版社，1998），頁113。
〔註84〕《春秋繁露‧深察名號》，頁267。
〔註85〕《春秋繁露‧如天之為》，頁437。

人的性、情爲天地所生，而「性」、「情」合起來才叫作「瞑」，這就表示，情也是性的一部份，所以「情亦性也」。人身兼備著性與情就好像天也兼備著陽與陰一樣，因此，如果論人的本質（廣義的性）〔註86〕，若不把情包含在內的話，就好像是天有陽卻沒有陰一樣。因此，「天施之在人者」，人所擁有的喜怒哀樂的情緒，也都是「天氣之然」所不可迴避的自然表現而已。「陰陽之氣，在上天，亦在人」的性情觀便是：性與情都是人身本質的本來面目，「在發生論和發生學的意義上，性與情甚至就沒有任何的區別。」〔註87〕

　　董仲舒「以陰陽釋性」，認爲「性情一瞑」的用意，其實就是在說明「人性全幅就是氣性」〔註88〕的道理。也就是說，董仲舒並不像宋儒心學與理學家一樣，將氣質之性與義理之性區隔開來，或認爲氣質之性之外更復有一義理之性以爲主。舉朱熹爲例：

> 伊川所謂性秉於天，才秉於氣，是也。只有性是一定，情與心與才，便合著氣了。〔註89〕

> 孔子之所謂「克己復禮。」《中庸》所謂「致中和，尊德行，道學問。」《大學》所謂「明明德。」《書》曰：「人心惟危，道心爲微，惟精惟一，允執厥中。」聖人千言萬語，只是教人存天理，滅人欲。
> 〔註90〕

從朱熹的話，我們可以知道，性與情（理與氣）是二分的，並且始終是理在氣之上以爲主導，是以，從這個脈絡繼續發展下去，情的地位便是可想而知的滑落到滅、絕的地步，這也就是爲什麼朱熹會說：「存天理，滅人欲」的緣故。對照著董仲舒以陰陽釋氣的人性觀點，正視情與性在人身當中的自然存在，我們便可以確知董仲舒所走的是另外一條的哲學路數——以氣爲本的哲學思路，並且是以「自然氣本論」的樣態出現。董仲舒根據「人受命於天」的自然而然的表現（天有陰陽、人亦有陰陽），確立了以氣論性的哲學觀點，因此會照顧到人性中自然本有的「情」的發生與地位，「明於情性，乃可以論

〔註86〕廣義的性指人的本質，這是包括性與情的；狹義的性，則是單就把情與性分開來講的方便說法。

〔註87〕余治平：《唯天爲大——基於信念本體的董仲舒哲學研究》（北京：商務印書館，2003年），頁164。

〔註88〕鄭宗義：〈論儒學中「氣性」一路之建立〉，收入楊儒賓、祝平次編：《儒學的氣論與工夫論》（台北：台大出版中心，2005年），頁255。

〔註89〕《語類卷五》

〔註90〕《語類卷十二》

為政」〔註91〕「故唱而民和之，動而民隨之，是知引其天性所好，而壓其情之所憎者也。」〔註92〕這跟後來的心學家、理學家有著排斥情的傾向，是相當大的不同和對比的。

　　然而我們不禁要問，倘若以自然之氣為人性本質的依據，人性中所生而本有的情欲問題，要如何安頓所謂道德的善？也就是說，從氣性論者為出發的思考點上，究竟人性是善還是惡？又，在有善有惡的人性（生之自然）上，道德的實踐如何成為可能？而這，就是屬於價值義的性所討論的場域，由下節析論之。

二、氣性善惡觀：性三品說與性未善論

　　董仲舒為人性找到宇宙論的依據，並據以成為人性中本質的特性而有陽仁陰貪與性情一瞑。那麼接下來，便是要論述到人性善惡的問題。董仲舒認為人性可以分類為三種：

　　　　聖人之性不可以名性，斗筲之性又不可以名性，名性者，中民之性。
〔註93〕

生而本善，不待教而為善，這是聖人之性；生而善端極少，教化後也難為善的，這是斗筲之性；生而有善有惡，可以待教而後為善的，便是中民之性。這三種人性的分類，是董仲舒非常著名的「性三品說」。而探析溯尋，董仲舒性三品說的觀點，其實也正是基於一個以氣論性的立場下才會提出的。因為「氣之異質性、駁雜性、以及組和性或結聚性。由於此等性，材樸之性始有種種徵象。」〔註94〕由種種不同異質的、駁雜的氣所組和成的性，必定會有種種不同樣態的呈現，這就是說，在「以氣為性」定義下的人性，必定會有氣質才資等等不同的殊別，也因此，董仲舒承認在人群之中，會有因氣的清濁、厚薄而產生不同的智愚、壽夭。所以董仲舒將人分類為三個等級——聖人、中民、斗筲，其實也就是承認了以氣論性的事實。

　　不過儘管如此，真正能夠稱之為「性」的，是中民之性。這是具有普遍的、可能的、確定的意義下所定名出來的「性」。董仲舒說：

　　　　名生於真。非其真，弗以為名。名者，聖人之所以真物也，名之為

〔註91〕　《春秋繁露·正貫》，頁134。
〔註92〕　《春秋繁露·正貫》，頁134。
〔註93〕　《春秋繁露·實性》，頁274。
〔註94〕　牟宗三：《才性與玄理》（台北：台灣學生書局，1974年），頁3。

言，眞也。〔註95〕

名性不以上，不以下，以其中名之。〔註96〕

胡不試反性之名？性之名，非生與？如其生之自然之資，謂之性。

性者，質也。〔註97〕

「名生於眞」是董仲舒認識論中的思維原則，他認爲聖人指稱名號的時候，就是以「眞」爲依據，因此能夠稱之爲名的，都是屬於事物最原初的眞相。反之，如果不符合事物的眞相，那就「弗以爲名」。而董仲舒以「名生於眞」的正名方式、認識思路，應用到人性論上的理解時，就是「性者，質也」的定義。此即說明了，性的名號，應是屬於質樸的、普遍的性的意謂，是本質的意涵。基於此，我們便可以理解，爲什麼董仲舒認爲聖人、斗筲不可以名性，而只有中民才可以名性了。那麼中民之性的性之質究竟爲何？其對於善惡又作如何詮釋？董仲舒對此用禾與米、民與瞑、繭與卵的譬喻來作釐清。

故性比於禾，善比於米。米出禾中，而禾未可全爲米也；善出性中，而性未可全爲善也。善與米，人之所繼天而成之外，非在天所爲之內也。天之所爲，有所至而止。止之內，謂之天性；止之外，謂之人事，事在性外，而性不得不成德。〔註98〕

民之號，取之瞑也。使性而已善，則何故以瞑爲號？以實者言，弗扶將，則顚陷猖狂，安能善。性有似目，目臥幽而瞑，待覺而後見。當其未覺，可謂有見質，而不可謂見。 今萬民之性，有其質而未能覺，譬如瞑者待覺，教之然後善。當其未覺，可謂有善質，而未可謂善，與目之瞑而覺，一概之比也。〔註99〕

性如繭、如卵，卵待覆而成雛，繭待繅而爲絲， 性待教而爲善，此之謂眞天。〔註100〕

董仲舒把性比喻成禾，善比喻成米。認爲米雖然是從禾來的，但是禾並不完全是米，這也就是說善是從性來的，但是性並不完全就是善。董仲舒的性禾

〔註95〕《春秋繁露‧深察名號》，頁266。
〔註96〕《春秋繁露‧深察名號》，頁267。
〔註97〕《春秋繁露‧深察名號》，頁266。
〔註98〕《春秋繁露‧深察名號》，頁267。
〔註99〕《春秋繁露‧深察名號》，頁267。
〔註100〕《春秋繁露‧深察名號》，頁267。

善米說，揭示了善出於性但性不即是善的道理。對此，董仲舒又用名生於眞
的法則，看待民之爲民的意義。董仲舒認爲，如果民是已覺者，那麼又何必
以瞑爲民呢？瞑是眠的意思，就好像人的眼睛在休息睡覺，雖然有看的功能，
但並不等同於看的見。再者，繭和卵，也都必需待覆、待繰才能成爲雛、絲。

這就說明到，人性天生有善的本質、善的傾向但卻不即是善。因此他駁
斥孟子的性善。

> 天生民有六經，言性者不當異，然其或曰性也善，或曰性未善，則
> 所謂善者，各異意也。　性有善端，動之愛父母，善於禽獸，則謂之
> 善，此孟子之善。循三綱五紀，通八端之理，忠信而博愛，敦厚而
> 好禮，乃可謂善，此聖人之善也。是故孔子曰：「善人，吾不得而見
> 之，得見有常者，斯可矣。」……萬民之性善於禽獸者許之，聖人
> 之所謂善者弗許，吾質之命性者，異孟子。〔註101〕〈深察名號〉

董仲舒強調善是「循三綱五紀，通八端之理，忠信而博愛，敦厚而好禮」，不
同於孟子所說的「動之愛父母」就是性善。因此董仲舒認爲孟子是把人性拿
來跟禽獸比，所以才會歸結出人性本善，「孟子以爲萬民性皆能當之，過矣」。
〔註102〕其實董仲舒是誤解了孟子的看法，孟子肯定普遍的善性，是先驗的意
義，並非因爲「善於禽獸」才予以肯定。而爲什麼會造成此一誤解，最主要
則是董仲舒不認爲人性中有一先驗而飽滿的善存在，而是認爲「性者，質也」。
這種性論的主張，不啻荀子的性論，荀子說「生之所以然者，謂之性。性之
和所生，精合感應，不事而自然，謂之性。」〔註103〕由此可知，董仲舒對於
性善的理解跟孟子有所出入，其背後支撐的哲學思路是緣於對性理解的不
同。不過，董仲舒還是主張「性善」的，只是把性善說成是「性未善」。董仲
舒說：

> 性未善，善過性，聖人過善。春秋大元，故僅於正名，名非所始，
> 如之何謂未善已善也。〔註104〕〈深察名號〉

董仲舒秉持著人性氣稟的不齊，因此將性善的歸類也分有等差，認爲聖人是
「過善」，而一般人則是「未善」。然而說成「未善」，其實並不是意指性是惡
的，而是指性有善質，但不即是善，也可以說，性雖然是善的，但並非是全

〔註101〕《春秋繁露・深察名號》，頁268。
〔註102〕《春秋繁露・實性》，頁274。
〔註103〕《荀子新注・正名》，頁437。
〔註104〕《春秋繁露・深察名號》，頁268。

善。由此可知，董仲舒論性善的方式，的確是從自然氣本論的角度下來主張。
而從這個立場上出發的性善論，也都必然會重視學習，如同荀子的勸學，董
仲舒依舊高喊「性待教而爲善」。

第三節　氣在工夫論中的呈現

一、養生的層次：身──氣──心的養氣工夫

　　董仲舒在養生方面，有兩個向度，一個是養身，一個是養心。他先辨明
養身與養心的不同，然後歸於「凡養生者，莫精於氣」的道理。

> 天之生人也，使人生義與利，利以養其體，義以養其心。〔註105〕

> 氣之清者爲精，人之清者爲賢，治身者以積精爲寶，治國者以積賢
> 爲道。〔註106〕

> 仁貪之氣兩在於身。身之名取諸天，天兩，有陰陽之施，身亦兩，
> 有仁貪之性。〔註107〕

董仲舒以氣作爲宇宙萬物的共同底蘊，認爲天有陰陽，人亦有陰陽，因此說
「仁貪之氣兩在於身」，這句話的意思便是要凸顯出人之「身」是以氣爲本的。
而「身」的意指，更確切的說則是包含了兩個向度：「比較靠近心（heart）之
層面，我們稱之爲心靈（mind）或感覺（feeling）；比較靠近外在事物的層面，
我們則稱爲行爲。」〔註108〕也就是說，「身體既包含了心靈的身體，也涵括了
軀體的身體。」〔註109〕因此，董仲舒在論述養生的工夫時，就會一併提到這
兩個面向，讓養生的意義更爲完備。所以董仲舒會釐析出身之養與心之養的
不同，認爲「利以養其體，義以養其心。」董仲舒說：

> 身以心爲本，國以君爲主；精積於其本，則血氣相承受；……血氣
> 相承受，則形體無所苦；……形體無所苦，然後身可得而安也；……
> 夫欲致精者，必須靜其形；……形靜志虛者，精氣之所趣也；……

〔註105〕《春秋繁露・身之養重於義》，頁239。
〔註106〕《春秋繁露・通國身》，頁173。
〔註107〕《春秋繁露・深察名號》，頁266。
〔註108〕Robert C.Neville 著，楊儒賓譯：〈中國哲學的身體思維〉，參見《中國古代思
　　　　想中的氣論及身體觀》（台北：巨流圖書公司，1993年），頁207。
〔註109〕Robert C. Neville 著，楊儒賓譯：〈中國哲學的身體思維〉，收入楊儒賓主編：
　　　　《中國古代思想中的氣論及身體觀》（台北：巨流，1993年），頁207。

> 故治身者，務執虛靜以致精。〔註110〕

> 故君子道至氣則華而上，凡氣從心，心、氣之君也，何爲而氣不隨
> 也，是以天下之道者，皆言內心其本也。〔註111〕

> 故養生之大者，乃在愛氣，氣從神而成，神從意而出，心之所之謂
> 意，意勞者神擾，神擾者氣少，氣少者難久矣；故君子閑欲止惡以
> 平意，平意以靜神，靜神以養氣，氣多而治，則養身之大者得矣。
> 〔註112〕

董仲舒認爲，養生首重在養心。身體是以心爲根本，因此若要以獲得精氣爲
養身之道的話，就必須要使心能夠得到虛靜，這便是「故治身者，務執虛靜
以致精」。積蓄精氣的工夫以養心爲本，所以心必須要「虛靜」，這樣才能使
氣達到一個良好的狀態，而如果氣能夠達到良好的狀態，那麼身之養也會「可
得而安也」。是以，在修養工夫的實踐中，心之養是非常重要的，因爲「心、
氣之君也」、「氣從神而成」，也就是說，如果心沒有達到一種靜神、虛靜的狀
態，那麼人身之氣便很有可能渙散喪失，這就是「氣之害也」〔註113〕。所以
董仲舒一再強調心的虛靜工夫以靜神養氣。而對於心，董仲舒說道：

> 栣衆惡於內，弗使得發於外者，心也，故心之爲名，栣也。〔註114〕

> 利以養其體，義以養其心，心不得義，不能樂，體不得利，不能
> 安……。〔註115〕

董仲舒認爲心的功能便是在於禁制惡的不好的成分，它必須要用義來滋養，
滋養之後，心才會愛悅快樂，此即「行必終禮而心自喜，喜以陽得生其意也」
〔註116〕。依照董仲舒對於心的詮釋，可以發現其心之意涵跟孟子「義內」的
心是截然不同的。這是因爲董仲舒認爲心稟氣而生，所以不屬於孟子那種超
越先驗、價值飽滿的心，並且也正因爲如此，董仲舒主張的身——心關係就
更會以整體論之。董仲舒認爲養生就是養氣，而養氣包含了養身與養心，因

〔註110〕《春秋繁露・通國身》，頁173。
〔註111〕《春秋繁露・循天之道》，頁416。
〔註112〕《春秋繁露・循天之道》，頁417。
〔註113〕董仲舒引公孫尼子的話，認爲氣有十害。「公孫之養氣曰：『裏藏泰實則不
　　　　通，泰虛則氣不足，熱勝則氣□，寒勝則氣□，泰勞則氣不入，泰佚則氣
　　　　宛至，怒氣則高，喜氣則散，憂則氣狂，懼則氣懾，凡此十者，氣之害也。』」
〔註114〕《春秋繁露・深察名號》，頁266。
〔註115〕《春秋繁露・身之養重於義》，頁239。
〔註116〕《董仲舒・循天之道》，頁416。

此靜神養氣的效果可謂是雙重的，能夠兼賅養身與養心，統稱養生。

> 故仁人之所以多壽者，外無貪而內清靜，心和平而不失中正，取天
> 地之美以養其身，是其且多且治。〔註117〕

將仁德與長壽放在一貫的理路，這無疑是將身──心的關係更為拉近。董仲舒一再強調的是：養生必須養心，使心和平；並且也必須養身，使壽命長而健康。另外「和平」、「取天地之美」，則是緣於「縮合、貫通身心內部的氣，又通於天地間湧動不息的天地之氣」〔註118〕的緣故。是以，稟氣而生的人們，在修養工夫的原則上，都必須要遵循著宇宙之間、天地之氣的「中和之道」。

二、以中和養身

如上節所述，「養氣」為董仲舒修養工夫中的基本結構，而這其實也就是預設了身、心皆同樣是稟氣生發的事實。因此，董仲舒特別認為，在修養的工夫上也必須「順天地、體陰陽」，如是才能達到養生的目的，也才會有長壽的可能。「壽者，儔也」，也就意謂著人從天接受而來（稟氣而生），必定與天之常相互符應（氣之道）。而在董仲舒的理解中，「循天之道以養其身」的「道」，就是「中和」。

> 能以中和養其身者，其壽極命。〔註119〕

> 循天之道以養其身，謂之道也。天有兩和，以成二中，歲立其中，
> 用之無窮，……。〔註120〕

董仲舒在此提出一個很重要的觀念：「以中和養身」〔註121〕。「中和」在中國哲學史上是很重要的一組概念，《中庸》便說道：「中也者，天下之大本也；和也者，天下之達道也。」〔註122〕這是「中和」一詞最原型的出現，其後用於儒家者，便常常拿來當作是體道修養的實踐準則。而董仲舒也繼承了「中和」的精神，然較為特殊的是，董仲舒以宇宙論的立場來解釋「中」、「和」。

> 天有兩和，以成二中，歲立其中，用之無窮，是北方之中用合陰，

〔註117〕《春秋繁露・循天之道》，頁416。
〔註118〕周與沉：《身體：思想與修行──以中國經典為中心的跨文化觀照》（北京：中國社會科學出版社，2005年），頁295。
〔註119〕《春秋繁露・循天之道》，頁415。
〔註120〕《春秋繁露・循天之道》，頁414。
〔註121〕這裡的「身」是指廣義而言，包括「身」與「心」。也就是前述所說的「軀體的身體」、「心靈的身體」。
〔註122〕藝文《十三經注疏》《禮記・學記》，頁879。

而物始動於下，南方之中用合陽，而養始美於上。其動於下者，不
得東方之和不能生，中春是也；其養於上者，不得西方之和不能成，
中秋是也。〔註123〕

和者，天之正也，陰陽之平也，其氣最良，物之所生也，誠擇其和
者，以爲大得天地之奉也。〔註124〕

中者，天地之太極也，日月之所至而卻也，長短之隆，不得過中。
〔註125〕

董仲舒以四季來區分「中」、「和」，認爲北方之中是指冬至；南方之中是指夏
至；東方之和是指春分；西方之和是指秋分。因此「中」便是意指陰陽之氣
運行的盛極狀態，而這也正是萬物產生變化的開始，即舊的終結、新的開始；
「和」便是意指陰陽之氣均等的時候，這正是萬物最適合生長的環境。所以
說「中者，天地之太極也」、「和者，天地之正也。」

董仲舒對於「中」、「和」各自有其不同的解釋，不過盛極的「中」與不
偏的「和」〔註126〕卻是相輔相成的關係的，「動於下者，不得東方之和不能生」、
「養於上者，不得西方之和不能成」。關聯著這點，董仲舒把「中和」合起來
解釋，並以爲是養身的最高準則。

中者，天地之所終始也，而和者天地之所生成也。夫德莫大於和，
而道莫正於中，中者，天地之美達理也，聖人之所保守也，詩云：「不
剛不柔，不政優優。」此非中和之謂與！是故能以中和理天下者，
其德大盛，能以中和養其身者，其壽極命。〔註127〕

公孫之養氣曰：「裏藏泰實則不通，泰虛則氣不足，熱勝則氣□，寒
勝則氣□，泰勞則氣不入，泰佚則氣宛至，怒氣則高，喜氣則散，憂
則氣狂，懼則氣懾，凡此十者，氣之害也而皆生於不中和。」〔註128〕

天地之間陰陽之氣不斷循環運行的「中」，與天道最適合萬物生長的狀態，爲
陰陽二氣調和的「和」，二者合爲一個最完美的天地之節，並足以爲治理天下

〔註123〕《春秋繁露·循天之道》，頁414。
〔註124〕《春秋繁露·循天之道》，頁415～416。
〔註125〕《春秋繁露·循天之道》，頁416。
〔註126〕周桂鈿將董仲舒的「中」「和」解釋爲：「極陰極陽爲中，陰陽相半爲和。」
參見周桂鈿：《董學探微》（北京：北京師範大學出版社，1989年），頁302。
〔註127〕《春秋繁露·循天之道》，頁415。
〔註128〕《春秋繁露·循天之道》，頁416。

和養生工夫的法則。基於此，我們可以發現，董仲舒的「中和」觀點，其實就像是天地之理（道）一樣，是宇宙間的自然秩序，也是人內在律則的表現。這點跟荀子的禮有著同樣的意味，荀子認爲「本末相順，終始相應」的禮「足以爲萬世則」（禮相當於理）。「中和」是天地之理（道），那麼換言之，我們在體道的過程中，便勢必是以「中和」爲修養工夫的原則了。

「凡養生者，莫精於氣」，養氣就是養生，而養氣也必須依循著中和之道，若不依循中和之道，氣之害便由是產生，所以董仲舒會引公孫尼子的話來印證，認爲「氣之害也而皆生於不中和」。董仲舒「以中和養身」的論述詳細，其涵蓋了人的身體、情緒兩方面的中和之道，總體概括而言：

> 是故男女體其盛，臭味取其勝，居處就其和，勞佚居其中，寒暖無失適，饑飽無過平，欲惡度理，動靜順性，喜怒止於中，憂懼反之正，此中和常在乎其身，謂之得天地泰，得天地泰者，其壽引而長，不得天地泰者，其壽傷而短，短長之質，人之所由受於天也，……
> 是故天長之，而人傷之者，其長損；天短之，而人養之者，其短益；夫損益者皆人，人其天之繼歟！〔註129〕

男女平時要保持精力旺盛，飲食要選擇應於季節的，居住的地方要求平和，勞逸要求適中，寒暖不要失掉節度，飢餓溫飽不要過猶不及，愛好厭惡要度量中理，動作靜止要順從天性，喜悅憤怒要合於中道，憂愁恐懼要恢復中道，這樣中和經常在人的身上，這就叫作得到天地的安泰，而得到天地的安泰，壽命就會長久了。值得注意的是，董仲舒雖然重視對身體的保養，但他所強調的只是順應自然的正常作息，並沒有強制身體要去實踐某一個心念的主張。心雖然是主動發動者，但是身、心皆是氣，那麼在實踐的當下、過程、結果則都是具有整體的效應的，因此身體不被看作是萬惡之源需要被管束強制，一切的發動只要適宜中節、遵循中和之道便是。如此一來，則大大不同於孟學底下的修養工夫：只強調在心上做工夫（因爲心即是理）。從這裡則又可以再次透顯出董仲舒屬於「自然氣本論」這一脈的思想性格：一種屬於「理在氣中」、「自然之中有必然」的表現。

〔註129〕《春秋繁露・循天之道》，頁419。

第四章　戴震的氣論

　　前兩章所論及的荀子的氣論與董仲舒的氣論，除了是表述他們二人的氣學理路外，實際上也透顯出先秦、兩漢時期對於氣概念的關注（雖然氣論在同個時代的各個思想家裡，有不同的各自表述）。而中國哲學的氣範疇，在歷經魏晉玄學、隋唐佛學後，到了宋明清時期，可以說達到了前所未有的發展高峰，在這個時期的氣學者，奠基在過去對氣範疇的理解上，更往前的延伸許多命題。我們可以說，在先秦、兩漢對於氣作為宇宙萬物的本原、構成萬物的基質和氣化運動的生成上，已經有了明顯的共識，而把「氣作為物質根源這樣的型態來認識、並納入到存在論之中，這可以說是在宋代才開始的。」〔註1〕

　　宋代開始有許多論氣的學者，諸如張載、周敦頤、二程、朱子、王陽明、羅欽順、王廷相、吳廷翰、顧炎武、黃宗羲、王夫之、戴震、焦循……等。他們對氣概念的運思歷程與邏輯建構，有各自不同的理解，然而，真正要屬於「氣學」一派的，也就是把氣作為第一因的哲學的（即氣本論），則是從明代中期羅欽順、王廷相、吳廷翰開始下來〔註2〕，到清代的顧炎武、戴震、焦循這一路的系譜。這一系譜有一個共同的前提與理解，那就是「氣在存在的認識上有第一序的優位性，於是關於存在界的本體論與宇宙論的特質，都需

〔註1〕　小野澤精一、福光永司、山井湧編著，李慶譯：《氣的思想——中國自然觀和
　　　　人的觀念的發展》（上海：上海人民出版社，1992年），頁344。
〔註2〕　宋代張載的哲學是否可以歸類為氣本論一派，目前學術界上還多有爭議，
　　　　因此筆者擬以從明代中期，較有明確性的思想家開始類歸起。而其中，不
　　　　乏有仍具爭議性的（如羅欽順）及缺漏未記載（還有很可探勘未定位）的
　　　　思想家。

交由氣的特質來論述」〔註3〕，並且，我們還可以將他們類歸為一個學派，稱作是「自然氣本論」。

而在這一系譜之中，則以戴震為代表人物、「集大成者」〔註4〕。戴震堪稱是把自然氣本論發展到一個成熟圓滿的地步。然而，必須特別說明的是，在此一系譜中，依舊有許多不同的哲學思路，譬如王廷相主張「性有善有不善」，而戴震提倡「性善」之說。這代表著，此一群自然氣本論者，他們在自身學說上，還是有各自不同的縱向深入與橫向開展，只是，他們哲學理路的大前提和基本面都是相同的而已。本章以自然氣本論的典範人物——戴震作為研究的對象，不過，在本章節所論述的與所研究的範圍已跟前述二章不同。對於荀子、董仲舒，著重的是在對他們「氣學」的正視與論證，也就是證明他們為可能的氣本論者（傾向是自然氣本論）。而戴震氣本論的立場已非常鮮明，因此在本章節便不多作贅述，其主要凸顯的則是在宋明清的學術背景下，相較於先秦兩漢的，氣的哲學發展的高度〔註5〕。而這從戴震的氣學中便可明顯探知，其揭櫫的：正是自然氣本論的明朗、完成與終結。

第一節　基於氣的本體宇宙論

一、氣化即道——實體與實事的世界實有論

「道」這個哲學範疇，是每一個哲學家或多或少會對它進行相關闡述的，並由此闡揚自家哲學的運思理路。例如荀子說「天行有常」、「天有常道矣」〔註6〕；董仲舒說「天道之常，一陰一陽。」〔註7〕他們各自用以氣

〔註3〕 杜保瑞：《論王船山易學與氣論並重的形上學進路》（台北：台灣大學哲學研究所博士論文，1993 年），頁 42。

〔註4〕 山井湧把戴震定位為「氣的哲學的集大成者」；又說「進入清代，氣的哲學的譜系還延續著，在理論上，到清代中期的戴震（東原，1723～1777）集其大成。」參見：小野澤精一、福光永司、山井湧編著，李慶譯：《氣的思想——中國自然觀和人的觀念的發展》（上海：上海人民出版社，1992 年），頁 453；355。

〔註5〕 因此筆者在論述這章的時候，雖然研究對象的主角是戴震，但會加以參照荀子與董仲舒的氣論作為比較。也就是透顯出先秦/兩漢/宋明清自然氣本論的對照詮釋。

〔註6〕 《荀子新注‧天論》，頁 323、329。

〔註7〕 《春秋繁露，陰陽義》，頁 309。

爲本的哲學思路，建構出天道觀的內涵與意義，像荀子建構出天地之變、陰陽之化的自然而然的宇宙觀，而董仲舒除了有以氣作爲本原本體的意識外，更將「氣」的實質內容規定爲「陰」與「陽」。而關於這一路的思想，到了戴震，便講的更爲清楚了〔註8〕。因此，戴震相較於荀子與董仲舒，是更加重視在對「道」的定義規範與闡述上的，而這可以說是戴震自身詮釋者的歷史性所因應的特殊詮釋，更可以說是站在「發狂打破」的立場上，對宋明以來形而上道範疇理解的推翻。是以，戴震將道這個由來已久的範疇理論，加上了「陰陽、五行」的實體規定，這無非是要強調形而上下皆氣以及以氣作爲本原本體和氣化流行生生不已的統一性。戴震肯定張載「由氣化，有道之名」，而他自己也是秉此理路，來論證繁奧無已的本體宇宙。戴震說：

> 曰道，指其實體實事之名。〔註9〕

> 故語道於天地，舉其實體實事之名而道自見。〔註10〕

> 陰陽五行，道之實體也。〔註11〕

戴震認爲，道是一個實體範疇，不是脫離現實世界的幻相，並且將此實體的內容規定爲「陰陽」、「五行」之氣。將道的實體規定爲陰陽五行之氣，可以說在董仲舒那邊就已經有的。董仲舒以「天地之氣，合而爲一，分爲陰陽，判爲四時，列爲五行」〔註12〕，建構出一個氣化宇宙觀，並非常重視陰陽之間矛盾對立與五行相生相勝的推磨運動，然而董仲舒在對於處理陰陽、五行之間的關係時，卻顯的未盡合理。一下是「相與一力而並功」〔註13〕，一下又是「少陽東出就木」〔註14〕、「金、木、水、火各奉其主，以從陰陽。」〔註15〕這三種表態，都將陰陽與五行之間的關係弄得矛盾而不能連結。但是戴震卻不同，他能夠加以合理的處理。戴震認爲：

〔註8〕 事實上，在宋代以後，論「道」幾乎成了所有哲學家所共同的蔚爲風尚的命題。

〔註9〕 《孟子字義疏證·道》（北京：中華書局，1982年），頁43。

〔註10〕 《孟子字義疏證·道》，頁43。

〔註11〕 《孟子字義疏證·天道》，頁21。

〔註12〕 《春秋繁露·五行相生》，頁334。

〔註13〕 《春秋繁露·天辨在人》，頁302。

〔註14〕 《春秋繁露·陰陽終始》，頁307。

〔註15〕 《春秋繁露·天辨在人》，頁302。

> 舉陰陽則賅五行，陰陽各具五行也；舉五行則賅陰陽，五行各有陰
> 陽也。〔註16〕

這樣的處理，簡單的就讓陰陽與五行之氣之間得到了合理化的詮釋。並且還更能代表著一種流行不已、生生不息。陰陽、五行不是單純的順次生成開展，而是這兩者之間相互作用、相互滲透與不可分割。如是，才可以生成萬物。那麼以陰陽五行為道之實體的意義，也就是認為天地萬物都不能離開陰陽五行而成形質，「就意味著形形色色的事物現象背後，有一個最基本、最一般的實體或實有，一切事物都從這裡分有。」〔註17〕這是戴震對於宇宙本原與存在本體的認識。也就是說那個作為生生之本的存在實體就是——氣。那麼道與氣的關係，以及道的意義內涵又是什麼？戴震認為：

> 謂之氣者，指其實體之名；謂之道者，指其流行之名……氣化流行，
> 生生不息，是謂道。〔註18〕

> 凡生生所有事，亦如氣化之不可已，是謂道。〔註19〕

> 道，即陰陽氣化。〔註20〕

> 道之實體，一陰一陽，流行不已，生生不息，是矣。〔註21〕

很明顯的，在戴震的理解中，「道」就是氣化流行的過程並且作用運動生生不息。雖然戴震也說過：「形以是形，色以是色，成分於道」、「分於道者，分於陰陽五行也」〔註22〕等類似把道作為本原本體（等同於氣本原本體）的說法，但筆者以為，將道與氣的概念作層次的區分，才是戴震對於道概念最嚴格與合理的定義，關於這點，劉又銘先生提出「狹義的『道』指的是氣的流行，是『實事』；廣義的『道』則可以包括『實體』在內。」〔註23〕陰陽五行是道的實體，也就是將道的內容規定為陰陽五行之氣，這樣的規定屬性，介定了道能夠流動不息，是一個動態的運動過程，代表著氣化的流行不已。氣是指

〔註16〕《孟子字義疏證·天道》，頁21。

〔註17〕張立文：《戴震》（台北：東大圖書股份有限公司，1991年），頁104。

〔註18〕《孟子私淑錄》，頁129。收入於《孟子字義疏證》，（北京：中華書局，1982年），其它如《原善》、《緒言》、《中庸補注》也收入於此書之中。

〔註19〕《孟子字義疏證·道》，頁43。

〔註20〕〈答彭進士允初書〉《孟子字義疏證》，頁164。

〔註21〕《緒言》，頁83。

〔註22〕《孟子字義疏證·性》，頁25。

〔註23〕參見劉又銘：《理在氣中——羅欽順、王廷相、顧炎武、戴震氣本論研究》（台北：五南圖書出版公司，2000年），頁139。

其實體之名；而道是指其流行之名。道的內涵就是氣，道與氣的關係就是一種「融合不離」〔註24〕的關係，也就是說「氣化即道」。

基於這樣的理解，戴震肯定所有存在物基於氣來開展，就是森羅世界的一切，而沒有在這氣之上更主宰、本體的事物了，所以戴震說「豈待別求一物爲陰陽五行之主宰樞紐！」〔註25〕、「亦豈待別求一物爲之根柢，而陰陽五行不足生生哉！」〔註26〕那麼，依循這個理路，道的詮釋就不僅表現在天道，事實上，人道的意義也是可以一併被考慮進去的，因此戴震說「人道，人倫日用身之所行皆是也……在人、物，則凡生生所有事，亦如氣化之不可已，是謂道。」〔註27〕這就是說明了，道是氣的流行的自然義，而一切的自然運行就是道。

「把道作氣化流行，生生不息來理解，包含著新思想的火花」〔註28〕、「戴震關於道的這個看法和用法的確跟一般儒者有所不同，不過戴震自有他一貫的理路」〔註 29〕。這是當代學者對於戴震「道」範疇在哲學史上的評價，我們可以知道「氣化即道」的思想，的確是戴震的創見與新解，而這無非就是要強調「實有」與「實事」，進而建立起一個「實有」的世界。

以氣爲本的「實有」、氣化即道的「實事」，這種非抽象的實際存有，在運動的過程中產生形形色色的萬事萬物。是以，戴震將《易經・繫辭傳》「形而上者謂之道，行而下者謂之器」，解釋成「形以前」與「形以後」，也就是陰陽五行之氣凝成之前與之後的差別。以陰陽五行之氣爲本原本體確定世界的實有；以生生不息之道的氣化流行來積極肯定世界實有的意義，這就是戴震的宇宙世界觀，也是戴震哲學架構的核心主張。

不同於戴震，宋儒伊川認爲：「所以陰陽者，是道也……，『所以』二字要善理會」〔註30〕，陰、陽之外，還有一個道做爲本原本體，由此可以看出，對於宇宙本體、世界觀，宋儒的理解與戴震所強調的「一本」確有很大的不

〔註24〕　筆者採用張立文對於道與氣之間的關係，所作的用語。參見張立文：《戴震》（台北：東大圖書股份有限公司，1991 年），頁 90。

〔註25〕　《緒言》，頁 82。

〔註26〕　《緒言》，頁 82。

〔註27〕　《孟子字義疏證・道》，頁 43。

〔註28〕　張立文：《戴震》（台北：東大出版，1991 年），頁 108。

〔註29〕　參見劉又銘：《理在氣中——羅欽順、王廷相、顧炎武、戴震氣本論研究》（台北：五南圖書出版公司，2000 年），頁 141。

〔註30〕　中華《宋元學案》《伊川學案》上，頁 67。

同，「我們固然可以依一般宋明儒的標準來說他把『道』原有的尊貴地位貶低了；但從另一方面來看，我們也可以說他把宇宙人生的『實體實事』與『自然』的地位提高了。」〔註31〕於是，我們確知戴震「氣化即道」的思想以及「道」作爲「氣之運行的自然義」〔註32〕，那麼作爲儒家哲學中重要的價值義又是如何詮釋、怎樣存在？這就必須談到戴震對「理」範疇的理解，也就是理、氣之間的關係，即作爲自然與必然之間的存在問題。

二、理在氣中──存在的自然與必然

「理」、「氣」範疇在先秦時期就已經論及，然而眞正要談到「理」「氣」之間關係的命題，則要到宋代以後了〔註33〕。雖然在荀子，有將禮相當於理，認爲禮是潛存在人的欲、情之中的內在律則，「本末相順，終始相應」〔註34〕；又禮可以擴大解釋成天地自然之間的宇宙範疇、自然秩序，「內節於人而外節於萬物者也」〔註35〕。照這樣看來，荀子的禮／理的確有「理在氣中」的意味，不過這必須是就「蘊謂」層次上來理解，荀子自己是並未著墨太多的。

而在戴震那裡，「理」與「氣」的討論成爲了可以正面開展的命題。並且可以說是完整的辨證理路，以及足以爲自然氣本論哲學典範的義理基礎──一個「理在氣中」的邏輯結構。皮錫瑞說：「戴震作《原善》、《孟子字義疏證》，雖與朱子說牴牾，亦只是爭辯一個理字。」〔註36〕可見戴震對於理的重視，不過對於理的理解，卻儼然不同於宋明理學的「理」的意涵，這是由於戴震始終秉持著「以氣爲本」的哲學思路的緣故，那麼「理在氣中」也就成爲氣本論下的必然結果了。首先，戴震爲理下了一個基本定義，認爲理是分理。

〔註31〕 參見劉又銘：《理在氣中──羅欽順、王廷相、顧炎武、戴震氣本論研究》（台北：五南圖書出版公司，2000年），頁142。

〔註32〕 參見劉又銘：〈明清儒家自然氣本論的哲學典範〉「體知與儒學」學術研討會（台北：哈佛燕京學社、台大高研院「東亞經典與文化」計畫合辦，2006年11月）會議論文。

〔註33〕 張立文便認爲「作爲哲學意義上的理氣範疇，是宋完成的。」參見張立文：《戴震》（台北：東大圖書股份有限公司，1991年），頁141。

〔註34〕 《荀子·禮論》，頁376。

〔註35〕 《荀子·彊國》，頁321。

〔註36〕 皮錫瑞：《經學歷史》（台北：中華書局，1959年），頁313。

> 理者，察之而幾微必區以別之名也，是故謂之分理；在物之質，曰
>
> 肌理，曰腠理，曰文理；得其分則有條而不紊，謂之條理。〔註37〕

> 蓋氣初生物，順而融之以成質，莫不具有分理。〔註38〕

理是在事物剖析辨察得非常細緻後得到的，並且隨著事物的不同而有不同的理的存在，因此會說「在物之質，曰肌理，曰腠理，曰文理」。這代表著，理隨事物而存在，理在事物之中，而「氣初生物」，萬物稟受氣的厚薄、清濁、偏全、精粗而徵爲形色殊相，是以理也就依此爲根據，體現了事物之間的質的分別。也就是說，事物的千差萬別，也必以認識事物各自的理然後才得以將事物區分開來。戴震將理指認爲分理，有兩層意涵：其一，認爲理並非獨立存在的實體；其二爲體現事物千差萬別的意義。

在第一層的意義上作理解，明顯區隔了宋明理學家對理的概念。朱熹說：「天地之間，只一箇道理」〔註39〕，將理視爲一個永恆的絕對存在，因此對「理一分殊」這個命題則是意指月映萬川，同出一個理的意思。然而戴震卻不同意這個說法，認爲一事一理，眾事則眾理，理隨著事物的不同而有不同的差異，這等於是否定了天地之間只有一個理的意義，如此看來，戴震與朱熹對「理」的確有著不同的詮釋進路。

另外在第二層意義的把握上，必須更延伸說明的是理爲條理、不易之則的這個向度。也就是說戴震不僅是看到事物之間不同性質的特性，並且還注意到作爲事物之間貫通的理，以便揭示一種規律和原則〔註40〕。因此，差異之間又有統一，這是在這一層理解上必須認識的一體兩面，而這就是我們認識事物、探索事物的原則條理。由是我們可以進一步地說，理具有價值義的存在，它是「不易之則」、「純粹中正」。

> 就事物言，非事物之外別有理義也。『有物必有則』，以其則正其物，
>
> 如是而已矣。〔註41〕

事物之中就有理的存在，「非事物之外別有理義也」。也就是說，理是天地事物本身所內具的條理，不是別求與強加上的，因此，理與事物之間的關

〔註37〕 《孟子字義疏證・理》，頁 1。
〔註38〕 《緒言》，頁 84。
〔註39〕 中華《朱子語類》，頁 21。
〔註40〕 這裡是指事物的內部和事物彼此間的秩序、系統。並且事物內部本身就含有規律的理的存在。
〔註41〕 《孟子字義疏證・理》，頁 7。

係是順遂而無憾的。對於這種關係（其實也就是在說理與氣的關係），戴震用自然與必然這兩個範疇去詮釋表達，並由是說明了宇宙萬物所有的存在關係。

> 陰陽流行，其自然也；精言之，期於無憾，所謂理也。理非他，蓋其必然也。〔註42〕

> 必然之與自然，非二事也。就其自然明之盡，而無幾微之失焉，是其必然也；如是而後無憾，如是而後安，是乃聖賢之所謂自然也。〔註43〕

> 若任其自然而流於失，轉喪其自然，而非自然也。〔註44〕

戴震明確地定義：陰陽二氣的流行是自然；理是必然。並且認爲，理就是陰陽氣化中的必然律則，而陰陽二氣則是理的必然規律的實體、乘載者。換言之，就是自然之中有必然，必然是自然的極則。所以戴震說「必然之與自然，非二事也。」就這個意義上來說，「必然的量度愈大，自然的程度便愈高，必然的實現是自然本身的昇華，而不是對自然的外在強制。」〔註45〕因此，如果將自然放任，任其有失〔註46〕而使自然流蕩，那反而會損害自然；相反的，如果能使自然達到必然的狀態，這才會使自然完善。基於這樣的觀點，帶到欲情與理之間的關係，也就可以闡明：「理也者，情之不爽失也；未有情不得而理得者也。」〔註47〕那麼自然與必然的關係就是：

> 實體實事，罔非自然；而歸於必然，天地、人物、事爲之理得矣。〔註48〕

這句話的意思是說：「當實體實事處在純粹中正的狀態時，那就是『理』的呈現了。」〔註49〕戴震在肯定自然的同時，也不會忘記秩序與規範的重要，只

〔註42〕《孟子私淑錄》，頁135。

〔註43〕《孟子字義疏證・理》，頁18～19。

〔註44〕《孟子字義疏證・理》，頁19。

〔註45〕張立文：《戴震》（台北：東大圖書股份有限公司，1991年），頁146。

〔註46〕山井湧認爲：「作爲『自然』之物皆有『失』（總之是某種缺陷）。」參見：小野澤精一、福光永司、山井湧編著，李慶譯：《氣的思想——中國自然觀和人的觀念的發展》（上海：上海人民出版社，1992年），頁457。

〔註47〕《孟子字義疏證・理》，頁1。

〔註48〕《孟子字義疏證・理》，頁12。

〔註49〕劉又銘：《理在氣中：羅欽順、王廷相、顧炎武、戴震氣本論研究》（台北：五南圖書出版公司，2000年），頁145。

是這個律則是在自然之中，因此「以理義限制自然使其不偏無失的歸向必然的整個過程中，沒有絲毫勉強、扭曲，完全是順遂無憾的。」〔註50〕即「歸於必然，適完其自然」〔註51〕，這就是「理在氣中」的意義。

第二節　氣化人性論

一、以氣釋性：性、命、才的人性觀

儒家以氣論性，由來已久，然而真正要說到性由氣來解釋的觀點，可以說是從漢儒開始的〔註52〕，以董仲舒爲代表，認爲「身之名取諸天，天兩，有陰陽之施，身亦兩，有貪仁之性」〔註53〕，人稟受氣而生，氣有陰陽所以人性也有貪仁。跨越了一千多年，到了清朝的戴震，也一樣秉此思路，將人性界定在以氣爲本的主張上。戴震說：「性者，分於陰陽五行以爲血氣、心知、品物，區以別焉」〔註54〕、「天道，陰陽五行而已矣。人物之性，咸分於道，成其各殊者而已矣」〔註55〕，道的實體就是陰陽五行，因此，「咸分於道」其實就是分於陰陽五行的意思。戴震以人之性分享於陰陽五行這個觀點，其實是與董仲舒的人性觀非常相似的了，是以，楊儒賓評道：「清儒以反宋返漢自許，他們有意無意間，連漢儒的世界觀也接受過來了。戴震『分於陰陽五行以爲血氣心知』的性之於元氣論的性，其義猶是。」〔註56〕

不過戴震到底還是有他那個時代的印記，在面對宋明理學之後，後出轉精。戴震人性論邏輯架構中，有兩個層次可以探討，其一是作爲人性論自身架構的一個系統（也就是講到人性之生成論的問題）；其二是作爲人性論自身的結構中，能夠實踐道德的依據（也就是道德的實踐在人性結構中如何可能的問題）。那麼，第一個層次所要談論到的就是性、命、才這三個範疇的內涵

〔註50〕 張壽安：〈戴震義禮思想的基礎及其推展〉，《漢學研究》第 10 卷第 1 期（1992年，6 月），頁 65。

〔註51〕 《孟子字義疏證‧理》，頁 19。

〔註52〕 鄭宗義便認爲「以氣化言性，始於漢儒」。參見鄭宗義：〈論儒學中「氣性」一路之建立〉，收入《儒學的氣論與工夫論》（台北：台大出版中心，2005 年），頁 249。

〔註53〕 《春秋繁露‧深察名號》，頁 266。

〔註54〕 《孟子字義疏證‧性》，頁 25。

〔註55〕 《孟子字義疏證‧性》，頁 25。

〔註56〕 楊儒賓：《儒家身體觀》（台北：中央研究院中國文哲研究所，1996 年），頁 401。

規定與相互關係；第二個層次所要談論到的就是從血氣心知論性善。而由這兩個層次所交互構成的人性論，其實就是揭櫫了：「以氣論性」在戴震，有更加徹底的表現。

對於性的本原，戴震引述《中庸》與《大戴禮記・本命》的說法來詮解：

> 《中庸》曰：「天命之謂性，率性之謂道，修道之謂教。」莫非天道也，其曰「天命」，何也？《記》有之，「分於道，謂之命；形於一，謂之性」，言分於五行、陰陽也。天道，五行、陰陽而已矣，分而有之以成性。〔註57〕

天道的內涵是陰陽五行，氣的運行就是天道，那麼人性就是稟受天之命，由陰陽五行化生而成。在這裡，戴震將「天命」之「命」用《大戴禮記・本命》的說法，來解釋「命」是「分」的意思（分於陰陽五行）。這種說法，跟朱熹論性的生成有顯著的不同，朱熹認為：「命猶令也，性即理也，天以陰陽五行化生萬物，氣以成形，而理亦附焉，猶命令也。」〔註58〕朱熹把命當作命令來解釋，即形上對形下的命令之意（理、氣；性、情二分）；而戴震卻不同，戴震以氣為本體，「命」是關聯著氣的分、給來說的，所分有差異，造成不同的限定，因此戴震詮釋下的《中庸》「天命之謂性」，其實就是意味著「氣稟之不齊」的意涵。是以相較於朱熹等理學家將命當做命令，並以「一理」為令（宇宙萬物皆受得一理與分殊之氣）的解釋，戴震則更強調了性、命的一貫。除此之外，戴震的性與才一貫的說法，也與理學家不同，戴震說：

> 氣化生人生物，據其限於所分而言謂之命，據其為人物之本始而言謂之性，據其體質而言謂之才。由成性各殊，故才質亦殊。才質者，性之呈也；舍才質安睹所謂性哉！〔註59〕

> 其稟受之全，則性也；其體質之全，則才也。稟受之全，無可據以為言：如桃杏之性，全於核中之白，形色臭味，無一弗具，而無可見，及萌芽甲坼，根幹枝葉，桃與杏各殊；由是為華為實，形色臭味無不區以別者，雖性則然，皆據才見之耳。成是性，斯為是才……踐形之與盡性，盡其才，其義一也。〔註60〕

所謂才，就是人依據各自不同的血氣之性所表現出來的不同形體，也就是說，

〔註57〕《原善》，頁65。
〔註58〕《四書集註》〈中庸〉，（台北：世界書局，1952年），頁1。
〔註59〕《孟子字義疏證・才》，頁39。
〔註60〕《孟子字義疏証・才》，頁39〜40。

才是血氣心知所形成各有其性的人的「體質」，是血氣之性的一種表現。而性是本質之名，才是體質之名；性抽象不可見，才是具體而可見。戴震以心性本體論來詮釋才的內涵，有其氣本論的一貫理路，這與宋明儒認為才對性而言，是一種牽絆與累贅的理解，有很大的不同。戴震的才與性，都由氣血決定，但在邏輯上的形成，仍有一定的區別，就好比桃仁杏仁未開花結果前的種子，就是性；而當它開始長成後，那可被看見被辨別的，才是「才」。才、性一貫，才是性的表現、延續，戴震不同意程朱把性定為全善，而把不善都歸罪於才，戴震認為性善才美，才不善只是因為沒有實踐性、才之善的緣故，所以認為「盡性」、「盡才」即是「踐形」。

　　而基於上述所論，筆者認為張麗珠將清代義理學說成是「經驗主義」〔註61〕，則有待商榷。因為「經驗主義」此一西方用語，實是預設了人的心性為一張白紙。像經驗主義代表人物之一的洛克便曾批評笛卡兒的本有觀念，因為他認為觀念只可能來自經驗，人心一如白紙，經驗印在上面就成為觀念。然而，自然氣本論者真是「一如白紙」嗎？對此，戴震其實就在才、性論中為自己作一番辨明了，所謂「成是性，斯為是才」，性是抽象不可見，唯有在才上始可見實質的性的內涵，那麼這就是預設了仁義理智是性中存有的良的端緒，就如同核桃的仁一般，有實質的存在之意。因此，若說成是經驗主下的「一如白紙」，恐怕就悖於戴震哲學的基本架構了。

　　而命、性、才之間的區別與聯係，戴震則以金錫之器作比喻。

> 以人物譬之器，才則其器之質也；分於陰陽五行而成性各殊，則才質因之而殊。猶金錫之在冶，冶金以為器，則其器金也；冶錫以為器，則其器錫也，品物之不同如是矣。從而察之，金錫之精良與否，其器之為質，一如乎所冶之金錫，一類之中又復不同如是矣。為金為錫，及其金錫之精良與否，性之喻也；其分於五金之中，而器之所以為器即於是乎限，命之喻也；就器而別之，孰金孰錫，孰精良與孰否，才之喻也。故才之美惡，於性無所增，亦無所損。夫金錫之為器，一成而不變者也，人又進乎是。自聖人而下，其等差凡幾？或疑人之才非盡精良矣，而不然也。猶金之五品，而黃金為貴，雖其不美者，莫之比貴也，況人皆可以為賢為聖也，後儒以不善歸氣

〔註61〕參見張麗珠，《清代新義理學》（台北：里仁，2003 年），頁 5～12。

稟，孟子所謂性，所謂才，皆言乎氣稟而已矣！〔註62〕
器皿的材料，是金或錫，這是本質的問題，好比是性；金、錫在五金之中作爲器皿的用途，則好比是命；而金、錫器皿用哪一種金，哪一種錫所製成的器皿的精良與否，則好比是才。然無論精良與否，金、錫器皿的材質都是金、錫，故「才之美惡，於性無所增，亦無所損。」而戴震要說明的是黃金爲器，器之性是貴重的金；血氣爲人，人之性就是善良的性，由稟氣之性所決定的人的才質，便也都是善的，所以說「自聖人而下，其等差凡幾？或疑人之才非盡精良矣；而不然也」。「人皆可以爲賢爲聖」，強調的正是人的性善，而戴震亦強調人的才質美，正是「人之性善，故才亦美。」在戴震看來，眾人也和聖人一樣，稟血氣之自然，其人性論是性善，是以才質亦美，故宋明儒把不善歸於氣稟，這是不對的。戴震以爲「性善才美」，而至於盡才、成才與否的問題，則屬於另一脈絡的實踐問題了。

總而言之，「成是性，斯爲是才。別而言之，曰命，曰性，曰才；合而言之，是謂天性。」〔註63〕人之性由陰陽五行之氣所分得的不同限定，叫做命；人稟受陰陽五行之氣所得到的最初本質，叫做性；由本質之性表現出來的形體，叫作才。此三者，皆以氣爲出發，是一貫理路相互聯繫的。

二、由血氣心知說性善

「性善」是儒家核心的命題，並且可以說是作爲一個儒者的基本關懷，只要悖於這個理路，隨之而來的就是一連串的撻伐與攻訐〔註64〕。因此，儒學者皆無不正視這個問題。然而，對於以氣論性的（這裡是指主張氣的哲學下的人性論）儒者而言，這個命題卻不是如此直接而容易解說的。它可能是

〔註62〕《孟子字義疏証·才》，頁39。

〔註63〕《孟子字義疏證·才》，頁40。

〔註64〕像荀子在其學說中談及「性惡」之說，就被後代學者抓住這點而窮追猛打。二程：「荀子極偏駁，只一句性惡，大本已失」；朱熹：「不需理會荀卿、且理會孟子性善」；羅欽順：「荀卿得罪於聖門多矣」……牟宗三：「荀子特順孔子外王之禮憲而發展，客觀精神彰著矣，而本原又不足」；勞思光：「荀子之學未能順孟子之路以擴大重德哲學而言，是爲儒學之歧途。……荀子倡性惡而言師法，盤旋衝突，終墮入權威主義，遂生法家，大悖儒學之義」。由此可見，儒者對「性善」說的重視程度。案：荀子雖言性惡，但究其理論根本（對於其學說的完整與正當性來說），還是應作爲「潛在的性善觀」較爲妥當。參見劉又銘：〈從蘊謂論荀子潛在的性善觀〉，《「孔學與二十一世紀」國際學術研討會論文集》（台北：政治大學文學院，2001年9月）。

未說的、變相的內蘊在其理論之中（例如荀子），又或是不直接的肯定性善，而採取「性未善」（董仲舒）、「性有善有不善」（王廷相）之說。因為，對於持氣學的儒者而言，這種由氣說明性、人性全幅是氣的觀點，在傳統根深柢固的性善說下，卻有兩個棘手的部分要去解說。其一、人之性稟受氣而來，因此人性中自有不可避免的欲與情的成分；其二、當人達其情逐其欲的同時，便常會碰到與他人欲情相衝突的狀況，也就是生之本與道德善惡之間所衍生出來的「背反」〔註65〕問題。綜合以上兩個部分，透顯出來的就是對於人性自主、價值根源、道德實踐如何可能的種種儒家的核心價值問題，因此，氣性〔註66〕論者如何安頓「性善」，就是一個望之契慕而不可迴避的命題（如何繼續保持「性善」的基本立場）。而戴震對此，則不全然地走董仲舒、王廷相的路線，卻是另闢蹊徑，將氣性（氣的哲學下的人性論）的性善論說的更為完整透徹。戴震的性善論，既能紹述大傳統性善說的正當性，並且又能保有氣學一脈的真實性。這可以說是戴震最為突出的理論成果，也是作為氣學一路最相適應的人性論型態。

戴震說：

> 人生而有欲，有情，有知；三者，血氣心知之自然也。〔註67〕

> 理也者，情之不爽失也；未有情不得而理得者也。〔註68〕

血氣心知是性的實體，性的內容規定則是欲、情與知。而「未有情不得而理得者也」，其實也就是戴震所秉持的「理在氣中」一貫思路，認為理便是存在於人們的欲、情之中，因此，若捨棄欲、情，就當然沒有理的存在。不過必須注意到，是情的不爽失才可以稱作是理，而不是欲、情即是理的意思（雖然是有欲情才有理的存在）。另外還需注意的一點就是，欲情之中的理，並不

〔註65〕勞思光對此有所解釋：「實際世界中『生』與『生之破壞』常相依而立。某一存有之『生』，常同時依另一存有之『生』之『破壞』為條件。此就人類及動物之生活看，尤為顯然。……如此，則此處顯有一『背反』問題。」參見勞思光：《新編中國哲學史》卷三上（台北：三民書局，1990年），頁54。

〔註66〕牟宗三：「材質之性，亦曰『氣性』，或曰『才性』，乃至『質性』。」這是牟氏對以氣論性的界定。不過牟氏所謂氣性，其實是有貶抑的，帶有負面意義的意思。而筆者在這裡所談到的氣性，所持的立足點跟牟氏是不一樣的。筆者以為，以氣為本之下的氣性，也有它論證理路與文化民情的合法性，並且還是更貼近人性的一種講法思路。

〔註67〕《孟子字義疏證‧才》，頁40。

〔註68〕《孟子字義疏證‧理》，頁1。

是一個實體的存在，所謂「理在氣中」、「理在情中」的意涵，只是表示理是處於欲情之中的一個內在律則，也就是節的意思。血氣之中有理的意義，或者說「理在氣中」的這個意義，可以說是戴震性善論最基本的理論前提。然而，「單是這樣一個潛存而內在的『節』的存在並無積極的展現善的動力與能力」〔註69〕，而能夠積極的展現的，則是「心」。

> 孟子曰，「理義之悅我心，猶芻豢之悅我口」，非喻言也。凡人行一事，有當於理義，其心氣必暢然自得；悖於理義，心氣必沮喪自失，以此見心之於理義，一同乎血氣之於嗜欲，皆性使然耳。〔註70〕

> 理義在事情之條分縷析，接於我之心知，能辨之而悅之；其悅者，必其至是者也。〔註71〕

> 孟子言「人無有不善」，以人之心知異於禽獸，能不惑乎所行之為善。〔註72〕

戴震細分血氣、心氣功能作用的分別，認為血氣之於嗜欲與心氣之於理義，都是人性之自然。這就表示，心氣與理義一貫，而心氣的功能就是知，能夠辨知理義、愛悅理義。因此戴震所認為的「人無有不善」的性善觀，就是在於人有心知，能夠思通理義，不惑乎所行也〔註73〕。戴震對於人性的定義，就是血氣心知（性者，血氣心知本乎陰陽五行），所以基於這樣的理解，人之性皆善的性善觀，這是可以被預期的。不過，戴震雖然認為人之性皆善，但是在性善上卻是有等差強弱之別的。戴震說：

> 孟子言性善，非無等差之善，不以性為「足於己」也，主擴而充之，非「復其初」也。〔註74〕

> 「孟子道性善，言必稱堯舜」，非謂盡人生而堯舜也。自堯舜而下，其等差凡幾？則其氣稟故不齊，豈得謂非性有不同？然人之心知，於人倫日用，隨在而知惻隱，知羞惡，知恭敬辭讓，知是非，端緒

〔註69〕劉又銘：《理在氣中：羅欽順、王廷相、顧炎武、戴震氣本論研究》（台北：五南圖書出版，2000年），頁151。
〔註70〕《孟子字義疏證・理》，頁7。
〔註71〕《孟子字義疏證・理》，頁5。
〔註72〕《孟子字義疏證・性》，頁34。
〔註73〕應該說，人「能知」是性善的要素、前提，而人性之中（指欲、情等自然的開展）潛存著的善的價值傾向，也是性善的要素、前提。兩者相互發明。
〔註74〕《孟子私淑錄》，頁155。

可舉，此之謂性善。〔註75〕

戴震認為孟子所謂的性善，並不是無等差的善，人性雖然皆是善，但是卻有
等差之別。性之善並非本來就是完全自足的，而是必須要擴而充之，讓性善
更為圓滿，所以說「非復其初也」。因為「復其初」的基本前提是，人人皆有
一個本來就自足圓滿的善性，在這個的觀點成立之後，才能說是「復其初」。
戴震不認同「復其初」的觀點，認為由於人的氣稟不齊，所以雖然人人生而
性善，但是並非每個人的性善都跟堯舜一樣完滿自足，所以才會有「自堯舜
而下，其等差凡幾？」的事實存在。不過雖然氣稟不齊，但是人的心知在人
倫日用上，卻可以起到「知惻隱，知羞惡，知恭敬辭讓，知是非」的作用，
看出人所有的善端。所以人雖然因氣稟而有等差，但是卻不能否認人人皆是
性善的事實。也就是說，戴震認為人性皆善，但性善的程度卻是有等差的。

綜上所述，可以知道戴震由血氣心知推到性善的運思過程。而筆者在這
論證之中，還必須再強調兩點，以資廓清。第一，心是具有道德意識的。第
二，心與欲情一貫。戴震說：

> 所謂惻隱、所謂仁者，非心知之外別「如有物焉藏於心」也。已知
> 懷生而畏死，故怵惕於孺子之危，惻隱於孺子之死，使無懷生畏死
> 之心，又焉有怵惕惻隱之心？推之羞惡、辭讓、是非亦然。〔註76〕

這種所謂惻隱的仁德之心，並不是在心之外，像是一物（仁德）一樣藏在心
裡，而是根本就是心的本質。藏在心裡拿出來，就代表著人與心的不同，割
裂了心與性的意味，所以，戴震不言「藏於心」。這也正是說明了，戴震認為
人的心是具有道德意識的，如同劉又銘先生所說：「自然氣本論對人己欲望、
情感的權衡、取捨，不會只是客觀認知，也不會只是思辨的操作而已，它同
時還是一份心知、意識上的價值直覺（或者說道德直覺）。」〔註77〕因此，我
們可以說，戴震的心知（或性善論），依舊是傳承了儒學的真精神（肯定人的
自主能動性）。

再者，「使無懷生畏死之心，又焉有怵惕惻隱之心？」戴震將懷生畏死與
怵惕惻隱之心結合在一起，認為人本能的欲、情，與人的道德意識的心是一

〔註75〕《孟子字義疏證‧性》，頁28～29。
〔註76〕《孟子字義疏證‧性》，頁29。
〔註77〕劉又銘：〈明清儒家自然氣本論的哲學典範〉「體知與儒學」學術研討會（台
　　　　北：哈佛燕京學社訪問學人協會中華民國分會，2006年11月21～22日）會
　　　　議論文，頁311～312。

貫且能互相感通的。也就是說，戴震肯定人的欲情，並且將欲情視為人的道德的根源，而達到「道德的善是必須有至少一種（或多於一種）情欲之達逐或自然傾向之滿足的參與始可得而立。」〔註 78〕戴震將心與欲情合而為一貫的理路，不僅印證了理在氣中，使氣本論的心性，得到更進一步的整合；還合理詮釋了生之本能之於道德價值能夠一貫的理由，使之不落入「背反」的矛盾之中。也就是說，道德的安頓並非出於對一己欲情的壓抑扭曲，相反的，是在欲情之中有根據，然後在心知的確認下，證實為仁義道德，即「所謂仁義禮智不外乎是對此仁愛他人之情之確認、肯定並進而以之為善、為理義、為道的結果。」〔註 79〕所以可以說，「自我完成」與「仁愛他人」是不相矛盾的。

戴震說「心之仁，耳目百體莫不喻」〔註 80〕，心所感通的仁，耳目百體皆能知曉，這不就意味著「知並不是用來壓抑、排除欲與情的，它是用來成全欲與情的。」〔註 81〕由是我們可以說心與欲情一貫，心是性之自然，心性一貫。而這裡，還可以揭櫫另一個層次的命題：人身的實踐，身——心之間的問題……，此即修養工夫論的範疇。

第三節　修養工夫論：與氣相關的討論

戴震說「人之血氣心知，其天定者往往不齊，得養不得養，遂至於大異。」〔註 82〕人們秉受於氣，而有智愚、等差之善的不同，但是經由修養工夫、實踐體證，往往可以達到更高層次的道德境域，而這個「達道」的可能，就在於有沒有「養」，也就是修養工夫。戴震很重視修養工夫，而其工夫論也跟他的哲學理路一貫，是十足的「氣本論」立場。不過必須再加以釐清的是，戴震的修養工夫論，應該是氣本論立場下的修養工夫論，而不是只是就著氣來說的修養工夫論。也就是說，戴震的工夫論，其所遍及的部分有很多，諸如

〔註 78〕 鄭宗義：〈論儒學中「氣性」一路之建立〉，收入楊儒賓、祝平次編：《儒學的氣論與工夫論》（台北：台大出版中心，2005 年），頁 267。

〔註 79〕 鄭宗義：〈論儒學中「氣性」一路之建立〉，收入楊儒賓、祝平次編：《儒學的氣論與工夫論》（台北：台大出版中心，2005 年），頁 268。

〔註 80〕 《原善》，頁 67。

〔註 81〕 劉又銘：《理在氣中：羅欽順、王廷相、顧炎武、戴震氣本論研究》（台北：五南圖書出版，2000 年），頁 150。

〔註 82〕 《孟子字義疏證·理》，頁 8。

「養氣」、「對心的操持」、「問學」、「愼獨」……等等，並不只是在對「氣」作一個實際步驟的操作。因此，筆者在討論此一章節的時候，爲求聚焦在「氣論」的部分，所以只討論與「氣」有關而相環節的修養工夫。雖然，「氣」的概念，是一種抽象而幾乎無法實踐的存在，但就誠如楊儒賓所說：「氣除了具備道德意義外，它還是一種前知覺的存在，在這種存在中，人與世界是種同質性的合一。所以當氣由潛能變爲現實時，人與世界原始的合一關係，也勢必由潛藏性的『在己』狀態變爲可以體證的朗現狀態。」〔註83〕這個「可以體證的朗現狀態」，也就是筆者所要討論的「氣——工夫論」（在工夫論中，與氣相關的討論）。

一、養氣：血氣、心氣之養

孔子曰：「少之時，血氣未定，戒之在色；及其長也，血氣方剛，戒之在鬥；及其老也，血氣既衰，戒之在得。」戴震曾引孔子的這段話，認爲「血氣之所爲不一，舉凡身之嗜欲根於血氣明矣，非根於心也。」〔註84〕這個意思除了表示血氣與心知「能」的不同之外〔註85〕，還透顯出「氣——行爲」之間的關係。簡單地說，就是當人們體內的血氣是何種狀態的時候，人們的行爲表現就會是何種狀態，所以，少之時也戒之在色；及其長也戒之在鬥；及其老也戒之在得。會有這種階段性的不同表現，就是因爲「血氣」的未定、方剛與既衰。而這種血氣與行爲表現的關係，無疑就是修養工夫的關懷所在，因此，如何讓血氣達到一種適當的狀態，就成了工夫論中一個重要的環節。

> 邵子又云：「氣則養性，性則乘氣；故氣存則性存，性動則氣動也。」此顯指神乘乎氣而資氣以養。〔註86〕
>
> 夫資於飲食，能爲身之營衛血氣者，所資以養者之氣，與其身本受之氣，原於天地非二也。故所資雖在外，能化爲血氣以益其內，未有內無本受之氣，與外相得而徒資焉者者也。〔註87〕

〔註83〕楊儒賓《儒家身體觀》（台北：中研院文哲所，1996年），頁151。
〔註84〕《孟子字義疏證・理》，頁7。
〔註85〕戴震說：「心能使耳目鼻口，不能代耳目鼻口之能，彼其能者各自具也，故不能相爲。」戴震雖然認爲血氣心知皆是性的實體，但也有意要分判血氣與心知的各別質性與功能。這種觀點在《孟子字義疏證》中，可以找到許多例證。
〔註86〕《孟子字義疏證・理》，頁17。
〔註87〕《孟子字義疏證・性》，頁32。

> 本受之氣及所資以養者之氣，必相得而不相逆，斯外內爲一，其分
> 於天地之氣化以生，本相得，不相逆也。〔註88〕

戴震認爲，人的血氣駁雜會影響到人的行爲表現，因此必須以氣作爲工夫，這就是「養氣」（代表著意識、觀念和實際體驗處）。所以戴震援引邵子的話，認爲在修養工夫的基礎面上，應以「養氣」爲重點及下手處。這個觀點是由於世間萬物的一切存在都是稟受陰陽五行之氣（「分於天地之氣化以生」），而人可藉由飲食使人身日益茁壯，飲食能資養於人，即所謂「原於天地非二也」，外在之氣與內在之氣相合而得到滋養，「斯外內爲一」。這種相資相養的觀念，則更印證了「非復其初」的修養工夫論。故戴震說：

> 形體之長大，資於飲食之養，乃長日加益，非「復其初」；心性之資
> 於問學，進而賢人聖人，非「復其初」明矣。〔註89〕

形體會長大，是由於飲食的資養，這是日益茁壯而並非恢復形體本來的樣貌；相同的，心性的完善也由於問學的緣故而達到賢人聖人，這並非是心性本來就是完善的狀態，要去回復一樣。這種重視後天學習的修養，回應了戴震性善有等差的心性論觀點，並且也修正了心學、佛學一再強調的復其初所導致蹈虛空的末學流弊。那麼，我們便可以知道，戴震以氣來相資相養的主張，確實在他的修養工夫論中，是相當重要的理論前提，而戴震的養氣論，要細言之，則分爲兩個部分：一個是血氣之養；一個是心氣之養。

> 人之血氣心知本乎陰陽五行者，性也。如血氣資飲食以養，其化也，
> 即爲我之血氣，非復所飲食之物矣；心知之資於問學，其自得之也
> 亦然。以血氣言，昔者弱而今者強，是血氣之得其養也；以心知言，
> 昔者狹小而今也廣大，昔者闇昧而今也明察，是心知之得其養也。
> 〔註90〕

戴震將人身的養氣論分爲血氣與心氣兩個面向去談，用現代的概念去理解，就是：「比較靠近心（heart）之層面，我們稱之爲心靈（mind）或感覺（feeling）；比較靠近外在事物的層面，我們則稱爲行爲。」〔註91〕也就是說，「身體既包

〔註88〕《孟子字義疏證・性》，頁 28。
〔註89〕《孟子字義疏證・理》，頁 15。
〔註90〕《孟子字義疏證・理》，頁 8。
〔註91〕Robert C.Neville 著，楊儒賓譯：〈中國哲學的身體思維〉，參見《中國古代思想中的氣論及身體觀》（台北：巨流圖書公司，1993 年），頁 207。

含了心靈的身體，也涵括了軀體的身體。」〔註 92〕血氣代表軀體的身體，是要以飲食使其茁壯變強；而心氣則代表了心靈的身體，它必須資以問學才能使心知愈發明朗，心性愈發完善。將血氣與心氣分開而論，這是由於血氣與心氣所司之職是不同的緣故，戴震說：

> 凡人行一事，有當於理義，其心氣必暢然自得；悖於理義，心氣必沮喪自失，以此見心之於理義，一同乎血氣之於嗜欲，皆性使然耳。
> 〔註 93〕

心氣之於理義亦同於血氣之於嗜欲，心氣愛悅理義，血氣則愛好嗜欲，這是自然而然的趨勢。道德直覺是心氣的自然作用，因此要以理義養心氣，使心氣得到妥善的安頓；飲食嗜欲是血氣的自然流露，因此要以飲食之物，使血氣得到適當的滿足。此皆就順氣的意義來說明，是「本相得而不相逆也」，就這層意義上來說，無疑是肯定了人身的自然，順著身體（只廣義的血氣與心氣）作用的機能，便可得到滿足。不過就血氣、心氣之養的部份，戴震還是著重在心氣之養。戴震說：

> 心之精爽，馴而至於神明也，所以主乎耳目百體。〔註 94〕
>
> 耳目鼻口之官，臣道也；心之官，君道也；臣效其能而君正其可否。
> 〔註 95〕

心是君、耳目鼻口是臣，因此耳目鼻口必須聽心的指揮，由心來端正、主使耳目鼻口的方向，這種說法類似荀子：「心居中虛，以治五官，夫是之謂天君。」〔註 96〕若放在修養工夫的脈絡下來說，戴震的意思就是心氣如果能夠修養好，那麼耳目鼻口也會因此而得到妥適的狀態，由此可知，相較於血氣之養，戴震是較著重在心氣之養上的，所以說「百體皆能覺，而心之知覺為大」〔註 97〕。又「心知之自然，未有不悅禮義者」〔註 98〕，心能夠辨知禮義、愛悅禮義，是實踐道德的能動力與積極面。然而，心知之明，又如何進於聖智呢？戴震以為：

〔註 92〕Robert C.Neville 著，楊儒賓譯：〈中國哲學的身體思維〉，參見《中國古代思想中的氣論及身體觀》（台北：巨流圖書公司，1993 年），頁 207。
〔註 93〕《孟子字義疏證・理》，頁 7。
〔註 94〕《原善》卷中，《孟子字義疏證》，頁 71。
〔註 95〕《孟子字義疏證・理》，頁 7。
〔註 96〕《荀子・天論》，頁 326。
〔註 97〕《孟子字義疏證・性》，頁 28。
〔註 98〕《孟子字義疏證・理》，頁 18。

> 其形體之長大也，資於飲食之養，乃長日加益，非「復其初」；德性
> 資於學問，進而聖智，非「復其初」明矣。〔註99〕

> 不廢多學而識矣。然聞見不可不廣，而務在能明於心。〔註100〕

相較於宋儒的「完全自足」、「復其初」〔註101〕，戴震則不認爲人的心性有一
個先驗而飽滿的道德實體，因此認爲培養德性就像是人的形體一樣，是一個
由小到大的過程，然後才能到達聖智。也正是因爲心性道德實體的不飽滿（稟
氣而生），所以格外重視學習的工夫，以求能使心知無蔽暢達，而能夠審辨事
物、判斷是非，所以強調「德性資於問學」、「聞見不可不廣」。戴震的這種工
夫論的主張，可以說是乾嘉考據學興起的原因，其深層的內在理路（乾嘉之
學的哲學背景），就是自然氣本論的哲學思路。對於「自然氣本論」作爲考據
學的哲學底蘊、背景，由下文討論之。

二、考據學：「自然氣本論」的哲學實踐

　　從顧炎武以樸學導師的姿態開其端倪，到乾嘉時期考證學風的鼎盛，由
此勾勒出有清一代迥異於宋明理學的學術姿態——考據學。於是，考據學幾
乎就等於是乾嘉學術的代名詞，而相較於宋明理學的義理類型，考據學就只
是方法論上的問題了。然而我們不應該僅僅只是以「考據學」的這一個單一
的面向，去認識、定位乾嘉時期的學術，相反的，更應該積極的去思考一個
問題：爲什麼在宋明時期以理學、心學爲主流的奠基下，就是開展不出像乾
嘉時期那樣的考據學？〔註102〕而如果說儒家內部的哲學典範已經轉移，那麼
支持乾嘉考據學的哲學背景又是什麼？這些問題意識，是我們在研究有清一
代中，不可能去迴避的問題，因爲「每一個時代在學術上各方面的表現跟那
個時代所盛行的哲學常常是相爲表裡的」。〔註103〕針對上述觀點，歐文‧布魯
姆（I. Bloom）便指出：

> 「氣」的哲學不僅反映出清代知識論走向，也代表著一種主導性

〔註99〕《孟子字義疏證‧理》，頁 15。
〔註100〕《孟子字義疏證‧權》，頁 55。
〔註101〕《孟子字義疏證‧理》，頁 13。
〔註102〕朱熹有《四書集注》，王陽明亦有《朱子晚年定論》，其所做的考據，就不是
　　　　屬於乾嘉時期的考據學；而同樣的也不會開展出那種大規模且心無旁騖的對
　　　　考證具有實際行動的「乾嘉」時代。
〔註103〕劉又銘，〈顧炎武以氣爲本的宇宙觀〉，收入《清代學術研討會論文集》（高雄：
　　　　國立中山大學中國文學系，1995 年），頁 159。

趨向，可以想像，沒有這種趨向，就難以發展出清代實證主義學風。《四庫全書》編者指出，方以智走在明代考據學的前列，他認識到，道學空洞玄談將爲基於「氣」學的實證性考據方法所取代。〔註104〕

我們可以說，從明代中期開始，就有一脈「氣本論」的思想在醞釀發展著，到了清代乾嘉時期，以戴震爲代表，就顯耀的化暗爲明，在有清一代主盟學壇，所以才會有從清初顧炎武的「經學即理學」轉變到焦循所提出的「考據即經學」的說法。也就是說，走到清代中期，考據學已經是一枝獨秀獨占鼇頭了，它不需要再像清初時期與理學相抗衡或努力的將理學扭轉到經學的場域。可以說到了乾嘉時期，儒學內部已經成功的完成典範轉移，而這種「主導性趨向」，其實就是「氣」的哲學。

中國哲學對於本原論的問題，是爲了「解釋、說明萬物萬事（含人類行爲）的現存狀況與變化法則的。」〔註105〕因此清儒所認識的世界，以及他們所建構的思想性格，都會跟乾嘉考據學的產生、發展有關係。而清儒會藉著對整個世界的最根本的看法，建立起他們的立身處世的原則，這種存在意識，幾乎影響了對道體、證體的整個思路與實踐。而本論文因限於聚焦在研究範圍裡，所以雖然乾嘉考據學者眾多，但主要以戴震爲例。

戴震認爲這個世界是元氣氣化而成，他所說的「陰陽五行道之實體，血氣心知性之實體」便是他哲學中最基本的主張，而我們可以說，在戴震的哲學裡，整體存在界不僅遍在的是「氣」，而且本體也是「氣」，因此「理」僅僅意指元氣在運行時可能的條理、律則。他認爲以及所構成的世界圖象是一個上下一元性的思考模式，故極力打破宋明理學所可能造成的「形上與形下之間斷裂的危機」〔註106〕，「我非眞病，乃發狂打破宋儒家中《太極圖》耳。」

〔註104〕　（美）艾爾曼（B.A.Elman），《從理學到樸學──中華帝國晚期思想與社會變化面面觀》（南京：江蘇人民出版社，1997年），頁32。

〔註105〕　馮達文：《中國哲學的本原──本體論》（廣東：廣東人民出版社，2001年），頁24。

〔註106〕　鄭宗義：「從純粹義理的角度看，宋明儒要消融形上與行下之間的內在緊張則必然指向一終極境界的追求。然而當他們一旦過分偏重強調這終極境界時便很容易會反過來造成形上世界的空描；從而令得人懷疑如斯高遠玄妙的形上世界，到底能否貫徹下落到日用倫常的形下世界之中。此則造成形上與形下之斷裂的危機。」參見鄭宗義，《明清儒學轉型探析──從劉蕺山到戴東原》（香港：中文大學出版社，2000年），頁4。

〔註107〕、「蓋氣初生物，順而融之以成質，末不具有分理，則有條而不紊，是以謂之條理。」〔註108〕、「蓋不知理者，自然之極則也，視理儼如一物，加以主宰、樞紐、根底之說，一似理亦同乎老、釋所指者之於人爲本來面目。」〔註109〕在戴震的詮釋下，「理」的意義就變成了「理義於事」，它需要依傍，不再是宋明理學中那個終極意義的實體；「理」是「自然之極則」，也就是「理在氣中」。

這種「以氣爲本」的宇宙本體論，我們可以歸結到一個原則，那就是對世界與人生有著「一本論」的追求。誠如楊儒賓所說：

> 凡是反對程、朱理氣二分、本然之性／氣質之性二分格局的思想家，往往都有一本論的追求。他們要戳穿超絕的世界，世界只有一種可以體驗到的世界，此外無他。從王廷相、吳廷翰、顏元以至戴東原，我們看到一種氣論的哲學體系：這種哲學反應到人性論上來，即是以氣質之性爲首出；反應到世界觀上，即是一種建立在氣論上的一本論。〔註110〕

這就是自然氣本論者共同的思想基調——世界只有一種可以體驗到的世界，此外無他。因此，顧炎武會說「非器則道無所寓」；戴震會振聲發聵地反對那個不落形跡、高高在上的形上純理。因爲他們都一致認爲「道」是可以落實到現象界中，並且是可以被具體掌握的經驗事實。而這種「實學」的思想性格，讓乾嘉時期的學者奉行並徹底實行，他們甚至不再高談宇宙本體那種抽象的概念，而直接將形下的「器」，提升至「道」的層次。如阮元、凌廷堪：

> 形上謂道，形下謂器。商周三代之「道」存於今者，有九經焉；若器，則罕有存者……然則器者，先王所以馴天下尊王敬祖之心、教天下習禮博聞之學。此古聖王之大道、亦古聖王之精意也。〔註111〕
> （阮元）

〔註107〕見段玉裁，《經韻樓集・卷七・答程易田丈書》，收入《段玉裁遺書》（台北：大化書局，1986 年），頁 1004。

〔註108〕《緒言・卷上》，《戴震全書》（第六冊），頁 89。

〔註109〕戴震，《孟子私淑錄・卷下》，頁 74。

〔註110〕楊儒賓，《儒家身體觀》（台北：中央研究院中國文哲研究所，2003 年），頁 404。

〔註111〕阮元，《揅經室三集・卷三・商周銅器說》（上海：商務印書館縮印原刊本，年份不詳），頁 376。

元竊謂詮解「仁」字，不必煩稱遠引，但舉曾子〈制言篇〉「人之相
與也，譬如舟車，然相濟達也。人非人不濟，馬非馬不走，水非水
不流」；及〈中庸篇〉「仁者，人也。」鄭康成注「讀如相人偶之人」，
數語足以明知矣。〔註112〕（阮元）

聖人之道，至平且易也。論語記孔子之言備矣，但恆言禮，未嘗一
言及理也。……冠昏飲射，有事可循也；揖讓升降，有儀可按也；
豆籩鼎俎，有物可稽也。〔註113〕（凌廷堪）

阮元反對宋儒以來道、器二分的說法，而認為「道」就是落實在現實世界的
經書當中——也就是「器」的範疇，這跟他對「仁」的解釋，也是如出一轍。
實踐「仁」不必走向道德形上學的路數，而是札實的走入人群之中，也就是
從平常的人事出發，不必「煩稱遠引」。而凌廷堪更是將有事可循、有儀可按
的「禮」取代了那種徒託空言的「理」，這便是清儒想要抓住一個實在且具體
的價值標準來作為「道」的本體與實踐。此與清初樸學導師的顧炎武是不謀
而合的，顧氏曾說：「夫子之教人，文行忠信，而性與天道在其中矣」〔註114〕。
而考據學集大成的戴震也是有相似的內在理路，戴震說：「天地間百物生生，
無非推本陰陽」〔註115〕、「陰陽五行、道之實體」〔註116〕，戴震自覺的提到
宇宙萬物是由氣所構成的，而實體之名也即是氣，並且認為氣就是陰陽、五
行——「舉陰陽則賅五行」、「舉五行則賅陰陽」〔註117〕。從這裡可以看出，
戴震一直強調的是一個完整的、不被割裂的世界，一切存在是「實」，不會有
什麼在「實」之上更極致的存在，因此，他特別提出實體的概念，並用「陰
陽、五行」來指稱。戴震所勾勒出來的實體世界觀，就是整個宇宙遍佈的、
形而上下的皆是氣的世界，基於這樣的理解，戴震肯定所有存在物是基於氣
來開展的，而沒有在這氣之上更主宰、本體的事物，所以戴震說「豈待別求
一物為陰陽五行之主宰樞紐！」〔註118〕、「亦豈待別求一物為之根柢，而陰陽
五行不足生生哉！」〔註119〕

〔註112〕《揅經室一集・卷八・論語論仁篇》，頁95。
〔註113〕凌廷堪，《校禮堂文集・復禮下》（北京，中華書局，1998年），頁31。
〔註114〕《日知錄・卷九・夫子之言性與天道》，頁195。
〔註115〕《孟子字義疏證・理》，頁17。
〔註116〕《孟子字義疏證・道》，頁43。
〔註117〕《孟子字義疏證・卷中・天道》，頁21。
〔註118〕《緒言卷上》，收入於戴震：《孟子字義疏證》（北京：中華書局，1961），頁82。
〔註119〕《緒言卷上》，收入於戴震：《孟子字義疏證》（北京：中華書局，1961），頁82。

　　從上述可知，清儒的幾個大思想家，都注重到形下的「器」的世界，而由此領導整個清代的思維發展，朝向一個「實學」的思想性格。也因為重視「實學」，驅使他們必然去面對現實世界且實踐操作，這就是他們認為的「體道」、「證道」。而這種實學性格的哲學與考據學的關係，劉人鵬可謂說得不錯：

> 為什麼明中葉以來所提出的重氣的哲學，是清代博學考證學風盛行的價值上的基礎呢？學者大概都能同意，明末至清的思想方向，是轉向於客觀的現實歷史文化，學術上，轉向經史之學、經濟之學，以及其他格物致知之實學。而此一轉向，我們可以哲學上理氣一元，及對氣、器、形下世界之重視來說明。……唯有當哲學上肯定了氣、器的世界，學者始得以在這個形下的世界裡安身立命。在理氣二元的哲學觀裡，理有優先性，若是沉浸於形器世界，就是玩物喪志，是理想的失落；但當人們肯定了氣的優先性，肯定了形器的世界，從某方面說，是一種解放，脫去了理氣對立時理對氣的要求，形器本身可以就是目的。形器世界中的文物考索，於是可以在理論上賦予意義與價值，學者群趨亦不為過。〔註120〕

肯定了哲學上的理氣一元，沒有以「理」作為優先性的考量，可以說「世界只有一種可以體驗到的世界，此外無他。」〔註121〕這種本體宇宙觀下的工夫論，是可以在現實世界中論證，在形下的世界裡安身立命的。也就是說「這世界是一個『僅只一個層次的世界』從自然混沌元氣開始，一路生生不息地興發、開展，在逐步豐富與逐步提升中自我完足，不需要也不會有更上面一層異質的『純粹價值世界』的存在。」〔註122〕所以我們可以推論，清代考證學風盛行的哲學認識，是一個層次的世界，這與明代中葉提出的氣一元論，是同一脈絡的內在理路。而在戴震那裡，則得到更確切明朗的哲學典範——即「自然氣本論」。而以「自然氣本論」證「理」的工夫論的問題，又是如何展開？戴震對此，講述詳細，而這也就是戴震為何落實考據工夫的緣故。

　　天理云者，言乎自然分理也；自然之分理，以我之情絜人之情，而

〔註120〕劉人鵬，《閻若璩與古文尚書辨偽——一個學術史的個案研究》（台灣大學中文研究所博士論文，1991 年），頁 318～319。

〔註121〕楊儒賓，《儒家身體觀》（台北：中央研究院中國文哲研究所，2003 年），頁404。

〔註122〕劉又銘：〈儒家哲學的重建——當代新荀學的進路〉，「國際儒學論壇 2007：儒家文化與經濟發展」國際學術研討會會後修訂稿，（北京）中國人民大學暨韓國高等教育財團主辦。

無不得其平是也。〔註123〕

凡血氣之屬，皆有精爽。其心之精爽，鉅細不同，……故於物有察有不察。察者盡其實，不察斯疑謬承之，疑謬之謂失理。失理者，限於質之昧，所謂愚也。惟學可以增益其不足而近於智，益之不已，至乎其極，如日月有明，容光必照，則聖人矣。〔註124〕

德性始乎蒙昧，終乎聖智。……德性資於學問，進而聖智，非復其初，明矣。人物以類區分，而人所稟受，其氣清明，異於禽獸之不可開通。然人與人較，其材質等差凡幾？古聖賢知人之材質有等差，是以重學問，貴擴充。〔註125〕

戴震用「以情絜情」的方式，去調節個人情欲與社會情欲的關係，這就是「心之所同然」的緣故，也由於這種「心之所同然」的「理」是一種「公理」而非「意見之理」，所以「理」具有客觀性以及公認性，戴震非常強調「心知」的作用，而這個作用是從學習上增益其智的，所以他說「心能區分、心能裁斷」，然後強調──「德性資於學問」。換言之，就是學習能夠吸收知識、增益心智，在知與學的相輔相成作用中，使「心知」在問學的工夫下可以認知理義，也可以獲得價值判斷的越發正確，而「心知」的量度越大，「性善」的量度也會越大。這就是為什麼人的心性與學習是日生日成，而不是自家體悟或豁然貫通，這跟戴震重氣的思想，都是相通一致的，因為「理在氣中」、「理義於事」，所以不會有一個終極實體的「理」高高在上，而是理隨氣一起日生日成。「自然氣本論」的工夫過程，可以用陳榮華的解釋作一番釐清：「在實踐的過程中，道德知識不斷更新它自己，給出更新的價值，而人依賴它，調整他的行為和目的。這個過程是無窮無盡和不斷更新的，所以也沒有所謂最高的價值。」〔註126〕這也就是顧炎武所謂的「有一日未死之身，則有一日未聞之道。」〔註127〕職是之故，我們便不難看出戴震為什麼那麼重視問學的修養工夫了。余英時說：

清代考證學，從思想史的觀點說，尚有更深一層的涵義，即儒學由

〔註123〕《孟子字義疏証・卷上・理》（北京：中華書局，1961年），頁1～2。
〔註124〕《孟子字義疏証・卷上・理》（北京：中華書局，1961年），頁5～6。
〔註125〕《孟子字義疏証・卷上・理》（北京：中華書局，1961年），頁15。
〔註126〕陳榮華，《葛達瑪詮釋學與中國哲學的權勢》（台北：明文書局，1998年），頁308。
〔註127〕《日知錄・卷九・朝聞道夕死可矣》，頁194。

> 「尊德性」的層次轉入「道問學」的層次。這一轉變，我們可以稱
> 它作「儒家智識主義」（Confucian Intellectualism）的興起。〔註128〕
>
> 根據智識主義的觀點發展下去，則最後必然會導致義理的是非取決
> 於經典的結論，看看誰的話是真正合乎聖賢的本意。這就要走上清
> 儒訓詁考證的路上去了。〔註129〕

重智的思想，可以說是本著氣本論下的哲學思維，一步步透顯出的學習歷
程。他們認為行「道」的過程必須是具有客觀性以及公認性，不能隨便誤
認而以意見為理，因此必須「察之而幾微必區以別之名」，反覆驗證、考察
辨析，並在重視問學的道路上，蓬勃發展成為考據之學，成為有清一代主
盟學壇的學術活動。所以顧炎武認識到「讀九經自考文始，考文自知音始」
的學術方向的落實，而潘耒也在《日知錄序》中，說亭林「有一疑義，反
復參考，必歸於至當；有一獨見，援古證今，必暢其說而後止」，這就表現
出顧炎武對於學術在治學方法上，是以博採證據以為佐證的實證主義為依
歸的，在考文、知音下，五經之文皆可讀覽。而這一項學術上的考據工夫，
遂為後來的乾嘉考據學所繼承。像戴震的「理義隨故訓而明」、「故訓明則
古經明，古經明則賢人聖人之理義明」〔註130〕；以及焦循：「訓詁明乃能
識羲文周孔之義理」〔註131〕、阮元：「聖人之道，譬若宮牆，文字訓詁，
其門徑也」〔註132〕，也都同樣持此學術修養的工夫進路。

　　學以養智、習與性成，心知由學習增益其智，「心性」與「心智」彼此之
間相輔相成，而「事物之條理」與「人之心知」，構成了對「理」追求的客觀
性與普遍性，因此特重學習。由實學的思想性格再加上問學思辯的致知工夫，
兩者之間相互闡明，進而由此表現在學術的活動上，便成就了考據之學的蓬
勃發展。牟宗三說：「講理學講到劉蕺山就完了……（明代以後）這三百年間
的學問我們簡直不願講，看了令人討厭。」〔註133〕這實在是對清代儒學的一
個誤解與貶抑。因為就在清儒本身的抉擇上，便已經透顯其學術取向與學術

〔註128〕 余英時，《論戴震與章學誠──清代中期學術思想史研究》（台北：東大圖書，
　　　　　1996），頁 21。
〔註129〕 余英時，《歷史與思想》（台北：聯經，1975），頁 101。
〔註130〕 《東原文集·題惠定宇先生授經圖》，收入自《戴東源先生全集》（台北：大
　　　　　化書局，1978 年），頁 1114。
〔註131〕 《雕菰集·寄朱休承學士書》，頁 223。
〔註132〕 《揅經室一集·卷二·擬國史儒林傳序》，頁 22。
〔註133〕 牟宗三，《中國哲學十九講》（台北：台灣學生書局，1997 年），頁 418。

精神，並且能夠以義理進路來詮說。而乾嘉考據學作爲學術的活動，以自然氣本論爲其哲學底蘊，我們可以說，這的確是戴震「以氣爲本」作爲修養工夫的一種展現與實踐。

三、踐形：心——氣——形之一貫

　　肯定了人身的自然，順著血氣與心氣的需要去培養（養氣），便可得到滿足，而滿足的意義則在於適當（也可以說是滿足的基本性質），不是蕩越。戴震說：「私生於欲之失，蔽生於知之失；欲生於血氣，知生於心。」〔註134〕「私生於欲之失，蔽生於知之失」，這是意指，養氣的意義在於不使血氣、心氣偏失，一旦偏失，就會造成私、蔽的狀態，因此，養氣的目的是在於收到氣的穩當，以期到人身整體效果的呈現。而這種穩當的作用，不僅是由於外在之氣的培養、滋養，更重要的還是在人身之中，血氣與心氣的配合。這是氣在人身中的流轉制衡，也是落實到血氣與心氣上的協調作用。分爲血氣與心氣這兩個向度，不是要造成血氣、心氣兩造的斷層，而是要邏輯性的區分血氣、心氣的各其所司之職，以方便釐清在修養工夫論的流程運行與實際操作：以問學資養心氣，以飲食滋養血氣。血氣之養屬於養生的層次，而心氣之養則屬於道德修養的層次。養生與道德修養的關係，常常被歸屬於不同的立場甚至是對峙的情況，這是由於「我們的身體往往被視爲生理的、與精神無關的，它是種感性欲望的集合，因此，也是維持社會秩序或實踐道德必須克服的先期目標。」〔註135〕，然而就戴震的養氣論而言，人身之中的血氣、心氣所達到的穩當狀態，則必然是經過血氣與心氣的協調配合。也就是說：「任何身體的展現，都不會只是生理的意義而已。反過來說，任何意識的活動也都不會只是精神的意義而已，它必然會與生理活動同時生起，只是這時的生理活動的行動者不一定自覺得到。」〔註136〕這就是身心互滲的氣一體論的表現——也就是「踐形」的意義。

　　　　故孟子曰：「形色，天性也，惟聖人然後可以踐形。」人物成性不同，
　　　　故形色各殊。人之形，官器利用大遠乎物，然而於人之道不能無失，
　　　　是不踐此形也；猶言之而行不逮，是不踐此言也。踐形之與盡性，

〔註134〕《孟子字義疏證・理》，頁9。
〔註135〕參見 B.S. Turner, The Body and Society（New York,1998），pp.85～144。引見
　　　　楊儒賓《儒家身體觀》（台北：中研院文哲所，1996年），頁46。
〔註136〕楊儒賓《儒家身體觀》（台北：中研院文哲所，1996年），頁51。

盡其才,其義一也。〔註137〕

孟子首先提出「踐形」的觀念,「踐」有實踐的意味,孟子稱只有聖人才可以「踐形」,由此可知此處的「踐」則是:充分、徹底實踐的意涵,即一徹底遍布仁義的身體,這就是孟子的「踐形」,其隱含了修養論與境界論,是一精神遍布的身體〔註138〕。孟子的踐形觀,是「盡心知性」的表現,在身——心的聯繫上,以心為其主導、優先,而戴震的踐形論,雖然也符合道德自覺的首出地位,但卻不似孟子所言地必然保證了心的絕對神聖性,所以戴震會在踐形觀中預設了「才」的觀念。「才質者,性之所成也」,「才」是「性」的呈露,「性」的直接延續,以及反映了秉氣而生的「性」的差異,所以戴震會說「成性不同」、「形色各殊」。「踐形之與盡性,盡其才,其義一也。」踐形的意義便是透過盡性、盡才落實下來的特殊性去完成,也就是說在成性不同的人身中,落實其自然中之必然的可能。

孟子的「踐形」與戴震的「踐形」,其身體的實踐體驗與道德層面的實現都是一貫的,「『踐形』則意指人的形體經由一段工夫的歷程後,可以充分的將內在的潛能展現出來,呈現出一種極強烈的精神向度。」〔註139〕只不過孟子「惟聖人然後可以踐形」,「踐形」可以說是一個境界的概念,它是修養工夫的證成〔註140〕。而戴震的「踐形」理論,則必須建構在氣一本論的前提下,也就是:心——氣——形一貫,沒有所謂心在作為絕對主宰的優先地位上。人能意識到應該做的,卻沒有去做,某種程度是一種想像,而去做了之後,才會回過頭來知道:意識到應該做的是否應該,或者,再回過頭去修正原本意識所設想的事。這是尊重「體知」〔註141〕,尊重身體的思維。所以戴震才會說:「猶言之而行不逮,是不踐此言也。」在戴震那裡,「血氣心知」是性之本體。

〔註137〕《孟子字義疏證・才》,頁40。

〔註138〕參見楊儒賓:〈孟子的踐形觀〉,收入於《儒家身體觀》(台北:中研院文哲所,1996年),頁43~53。

〔註139〕楊儒賓:〈支離與踐形——論先秦思想裏的兩種身體觀〉,楊儒賓主編:《中國古代思想中的氣論及身體觀》(台北:巨流圖書公司,1993年),頁427。

〔註140〕楊儒賓就曾經說過:「『踐形』是個境界概念,它有待證成。」參見楊儒賓《儒家身體觀》(台北:中研院文哲所,1996年),頁50。

〔註141〕「所謂體知,強調的是從親身踐履的實際經驗中實測而得的知解。」參考黃俊傑:〈「體知」與「心解」:東亞儒者解經的兩種途徑〉「體知與儒學」學術研討會(台北:哈佛燕京學社、台大高研院「東亞經典與文化」計畫合辦,2006年11月)會議論文,頁3。

　　氣貫通身心，用現代概念來解釋的話，就是「身──氣──心的整全生命，呈現出顯/明──隱──幽的情狀：氣為身心兩向度底層的闇默存在，身是氣之凝實與聚合，心是氣之神變妙用。在有形之物身，氣是其得以活絡、運轉的無形其原與無盡動源，是能量場（energy field）；而在明意識之心，氣是藏於其後的闇意識流，是信息場（information field）。」〔註142〕也就是說，因為有氣的流行，養氣的工夫才有了心理與身體的聯結，這讓一向將身體與意識截然二分的局面，成為一重視整體為效應的互通。那麼在這層意義下後的「踐形」，就跟孟學思路下的踐形不盡相同。雖然孟學思路下的身體觀也是身心一如，然而就是因為如此，在太過相信心的作用（心是理）的效果下，其結果往往是身體絕對地聽從心的指揮，那麼落實在實際的工夫過程上，就是身體的欲望被壓抑禁止，而心理的欲望（認為什麼是對的行為，應該怎麼做）則被無限上綱，所以才會有「存天理、去人欲」的口號。

　　職是之故，戴震自然氣本論下的修養工夫，是較能夠照顧到身體，且願意有身體的參與在其中的。關於這點，戴震或已有了「體知」的主張，「所謂體知，強調的是從親身踐履的實際經驗中實測而得的知解」〔註143〕，戴震說：

> 耳目百體之欲喻於心，不可以是謂心之所喻也，心之所喻則仁也；
> 心之仁，耳目百體莫不喻，則自心至於耳目百體胥仁也。心得其常，
> 於其有覺，君子以觀仁焉；耳目百體得其順，於其有欲，君子以觀
> 仁焉。〔註144〕

心如果德行充沛，其實身體都會知曉。身體有思維，讓人們在踐履中能夠感受到仁，這種心──氣──形一貫的思維，更確切的來說就是：「當人的慾望、情感符合了這價值傾向時，他的生命全體自然會出現一個合宜、適切的具體的感受和效應，這樣的感受和效應便有力地支持著呼應著心知、意識上的價值直覺和由衷的肯認。」〔註145〕就自然氣本論脈絡下，身心更能成為是一個

〔註142〕周與沉：《身體：思想與修行──以中國經典為中心的跨文化觀照》（北京：中國社會科學出版社，2005 年），頁 294。
〔註143〕黃俊傑：〈「體知」與「心解」：東亞儒者解經的兩種途徑〉「體知與儒學」學術研討會（台北：哈佛燕京學社、台大高研院「東亞經典與文化」計畫合辦，2006 年 11 月）會議論文，頁 3。
〔註144〕《原善》，頁 67。
〔註145〕劉又銘：〈明清儒家自然氣本論的哲學典範〉「體知與儒學」學術研討會（台北：哈佛燕京學社、台大高研院「東亞經典與文化」計畫合辦，2006 年 11 月）會議論文，頁 312。

整體，彼此呼應、身心互滲，身體如果未有善加調適，那麼心理意識就算想要發出指令，也都會因此而無法有效傳達。總而言之，自然氣本論者，重視的是氣整體的發用，聯繫著身——氣——心的能量場、信息場，彼此之間互相權衡溝通判斷，然後確認。身體服順於禮義的規約，卻沒有勉強，這就是「自然之中有必然」的工夫體認。

第五章 結 論

　　先秦、漢代、清代，氣範疇一直是個不曾缺席又可被發揮的論域，在前三章中，可以看到荀子、董仲舒、戴震對於氣論豐富的各自表述。然而儘管歷時千年，我們仍可揭櫫他們在哲學的內在理路上，有著相同的一貫理路。也就是說，荀子、董仲舒、戴震，在面對不同的時代課題時，他們有各自不同的回應方式，但「以氣為本」的這個哲學，卻是他們共同的基本預設，並且也使這個哲學架構（以氣為本）一直不斷地沈積鞏固。可以說，從荀子的「以氣為本」理路，至董仲舒、戴震，是不斷發展、成熟、更新的。那麼，看似不同時代的不同論調，其實也往往是有著相同理論的思想脈絡，就好像是「深層結構」〔註1〕一樣，呈現出荀子、董仲舒、戴震這一路思想歷時性的哲學態勢。

　　縱觀哲學史上，有許多「荀學性格」的人產生，而筆者以為，董仲舒、戴震，就是荀學性格在漢代、清代的代表人物，那麼，如果將荀子、董仲舒、戴震哲學看作是荀子／董仲舒／戴震哲學，它們便可歸結為一個可共通的哲學基底——「以氣為本」。「以氣為本」意指氣本論，此型態的意義就是「氣在存在的認識上有第一序的優位性，於是關於存在界的本體論與宇宙論的特質，都需交由氣的特質來論述。」〔註2〕雖然，因歷史的背景及認識論上的侷

〔註1〕　筆者採取李澤厚的說法，然又與李澤厚的用法不完全相同，僅是借文中「深層結構」的概念，來解釋荀、董、戴三人哲學的一貫理路。「一般來說，許多表層結構已隨時間而消逝或動搖，但積澱在深層結構層次上的那些東西卻常常頑強地保存下來。」參見李澤厚：《波齋新說》（台北：允晨文化，2000年），頁185。

〔註2〕　杜保瑞：《論王船山易學語氣論並重的形上學進路》（台北：台灣大學哲學研究所博士論文，1993年），頁42。

限，「以氣爲本」的氣本論主張，在荀子、董仲舒那裡還未成爲顯題化的理論
體系，但是，就荀子、董仲舒的氣論來看，卻已經隱藏著一個極爲明顯的氣
本論了。那麼，或許我們可以這麼說，「以氣爲本」的這一脈，就其理論的表
現程度而言，在荀子還只是開其端緒、到董仲舒逐步衍化，至戴震則最爲明
朗。另外，必須加以說明的是，這個「以氣爲本」的特質及歸類，應屬於「自
然氣本論」。

　　這是荀子、董仲舒、戴震氣論，在顯題化後的哲學典範，亦是這一路
未曾明說思想系統的文法及深層結構。而筆者在這章所要討論的重點分爲
兩個部分，其一，就是將前三章論述的成果，作統整、歸納與分析。其方
法是就宇宙本體論、人性論、工夫論，作哲學理路上點的參照比對，然後
綜述荀子、董仲舒、戴震哲學的氣論（這裡是指氣的概念在人性論、工夫
論上的作用，並非指氣本論立場下人性論、工夫論的主張），以揭櫫荀、董、
戴思想理路的內在穩定性，從而證明了荀子、董仲舒、戴震思想體系的一
貫理路──「以氣爲本」。其二，是確立這三人哲學所樹立的哲學典範，並
揭櫫此一典範所透顯出的新意義。那將會是一個新的詮釋起點，並擴展新
的視域；從而也將締建出一幅可被預期的，更波瀾壯闊、饒富意義的荀學
思想史圖象。

第一節　「以氣爲本」：荀子、董仲舒、戴震哲學的基本立場

一、本體宇宙論──以氣爲本

　　宇宙論探究世間萬物及彼此間因果的聯繫；本體論探究萬物之存在或存
有，兩者所指涉的內涵不盡相同。然而事實上，「中國哲學的『本體論』與『宇
宙論』往往是結合在一起的，故統以『世界本原論』而名之；另一種提法，
即『本體──宇宙論』，我認爲也可以接受。」〔註3〕這就是說明了，在中國
哲學裡，宇宙本原通常就是本體，因此，宇宙論通常就跟本體論敘述在同一
個平台上而沒有所謂的嚴格辨別。筆者在此，也以這樣的方式，呈現出荀子、
董仲舒、戴震的本體宇宙論。

〔註3〕李存山：《中華文化通志・哲學志》（上海：上海人民，1999 年），頁 256。

（一）氣作為本原——本體

荀子、董仲舒、戴震皆認為氣是作為所有存在物的共同底蘊、基質，是宇宙生成的起始，也是宇宙萬物的內在根據。

荀子認為宇宙生成變化的開始，是陰、陽二氣，所以說：「天地者，生之始也」〔註4〕、「天地之變，陰陽之化。」，〔註5〕「天地」與「陰陽」互文見義，這就表示宇宙生化運行中，最根本的質素是陰陽二氣——沒有什麼是在陰陽二氣之外更高、更根源的基質了。這跟荀子萬物存有的本體說是相互發明的，所以在「水火有氣而無生，草木有生而無知，禽獸有知而無義，人有氣、有生、有知，亦且有義，故最為天下貴也。」〔註6〕的這段話上，我們同樣可以得到印證。那麼，氣作為本原本體，就是荀子的哲學主張。雖然荀子沒有特別著墨在本體宇宙論上（當時的學術氛圍的影響與認識論上的侷限），但我們也不能否認這個事實——一個潛在的氣本論主張。

到了董仲舒，也以氣作為本原本體，只是董仲舒也有把它講成元、天（如：「元者，始也，言本正也。」〔註7〕、「是故天執其道，為萬物祖。」〔註8〕）。然而，元、天其實是氣的一種方便說法而已，也就是說，元、天的實質內容其實就是氣，「天地之氣，合而為一，分為陰陽，判為四時，列為五行。」〔註9〕這合而為「一」的，即是「氣」。氣化生宇宙萬物，同樣地也流佈於宇宙萬物，因此會說「天氣上，地氣下，人氣在其間。」〔註10〕另外，董仲舒以氣為本原、本體的表述，到了東漢何休，則有更加清楚的解釋：「元者，氣也。無形以起，有形以分，造起天地，天地之始也。」〔註11〕我們可以說，董仲舒本原——本體的實質內容就是氣，而氣作為本原——本體，則會是一個合理的和較好的理解了〔註12〕。

〔註4〕　《荀子新注・王制》，頁152。
〔註5〕　《荀子新注・天論》，頁330。
〔註6〕　《荀子新注・王制》，頁153。
〔註7〕　《春秋繁露・王道》，頁87。
〔註8〕　《春秋繁露・順命》，頁384。
〔註9〕　《春秋繁露・五行相生》，頁334。
〔註10〕　《春秋繁露・人副天數》，頁327。
〔註11〕　《春秋隱公元年》其於《公羊傳》曰：「元年者何？君之始年也。」何休注：「變一為元，元者氣也。無形以起，有形以分，造起天地，天地之始也。」參見：藝文《十三經注疏》《春秋公羊傳》。
〔註12〕　筆者採取張鼎國對於詮釋學上，「較好的理解」的概念。「他並不直接提供真理的判準（Wahrheitskriterium /criteria of truth），而只志在透過詮釋對話的進

到戴震，以氣作為本原——本體就非常明朗了。戴震說：「天地間百物生生，無非推本陰陽」〔註13〕、「陰陽五行、道之實體」〔註14〕。戴震自覺的提到宇宙萬物是由氣所構成的，而實體之名也即是氣，並且認為氣就是陰陽、五行——「舉陰陽則賅五行」、「舉五行則賅陰陽」〔註15〕。從這裡可以看出，戴震一直強調的是一個「有」的世界，他認為凡存在皆不脫離「實」（與「虛」相對），因此，他特別提出「實體」的概念。也因此，用「陰陽、五行」來指稱，就比「元氣」、「太極」更可以表達出這個實體的意涵了。那麼不妨說，戴震喜講陰陽、五行之氣，與戴震所勾勒出來的實體世界觀，可謂是相互印證、相互闡明。總結來說，在戴震那裡，就是整個宇宙遍佈的、形而上下的皆是氣。

（二）氣的運行與「理在氣中」

從氤氳混沌到萬物的有形現象便是透過氣的運行，這種作用，不只是受氣而生的那一刻而已，並且還是動態地存在於每一刻的當下〔註16〕。也就是說，氣化體現了氣本原、本體的意義——「解釋、說明萬事萬物（含人類行為）的現存狀況與變化法則。」〔註17〕這種意義其實也就是說明了氣的運行包含著兩重意涵：

> 一切現實的、自然的作用與表現，都是氣所提供所允許的。這是氣之運行的自然義。其次，在這一切現實的、自然的活動與作用中，又總是有個內在的『必然』，也就是恆常的、一定的價值傾向。〔註18〕

行，促成真理的發生展現，並且因而能造成實際效應（Wirkungen /effects）為真正目的。」參見張鼎國：〈「較好的」還是「不同地」理解：從詮釋學論爭看經點註疏中的詮釋定位與取向問題〉，收入《中國經典詮釋傳統（一）：通論篇》（台北：喜瑪拉雅基金會，2002年），頁47～48。

〔註13〕《孟子字義疏證・理》，頁17。

〔註14〕《孟子字義疏證・道》，頁43。

〔註15〕《孟子字義疏證・天道》，頁21。

〔註16〕此意即劉又銘所說的：「人、物在既生之後無時無刻不仰賴著與天地陰陽五行之氣的流通往來而存在，也隨時都跟整個天地緊密繫合如一體。」參見：劉又銘：《理在氣中：羅欽順、王廷相、顧炎武、戴震氣本論研究》（台北：五南，2000年），頁171。

〔註17〕馮達文：《中國哲學的本源——本體論》（廣州：廣東人民出版社，2001年），頁24。

〔註18〕劉又銘：〈明清儒家自然氣本論的哲學典範〉「體知與儒學」學術研討會（台北：哈佛燕京學社、台大高研院「東亞經典與文化」計畫合辦，2006年11月）會議論文，頁305。

將氣的運行尋繹出「自然義」與「價值義」，可以更清楚明朗的看待「氣化」這個概念，並由是揭櫫荀子、董仲舒、戴震三人相似的「氣的運行」模式。

　　荀子說：「天地之變，陰陽之化」〔註19〕、「萬物各得其和以生，各得其養以成，不見其事，而見其功，夫是之謂神。」〔註20〕荀子以陰陽之氣來解釋宇宙生成的變化，並且認爲從宇宙初始到宇宙萬物的生成是透過氣化的作用，而這種作用就是神。所以，在荀子那裡，氣化的表現可以是神（確切的說：「從氣化可以看到神」）。不僅如此，神的作用也一直持續的在現象界存在著，所以會說「形具而神生」以及「天情」、「天官」、「天君」、「天養」、「天政」〔註21〕。另外，荀子還說：「天地以合，日月以明，四時以序，星辰以行，江河以流，萬物以昌，好惡以節，喜怒以當，以爲下則順，以爲上則明，萬變不亂，貳之則喪也。禮豈不至矣哉！」〔註22〕荀子的禮相當於理，也就是作爲人的本質、社會原則的禮，和作爲自然界秩序的理是具有相同意義的（「同一個原則的不同表現型態」〔註23〕），所以，荀子也才會說：「夫義者，內節於人而外節於萬物者也。」〔註24〕，那麼「本末終始，莫不順比」足以爲萬世則的「禮」，不就是意謂著在一切現實的、自然的活動及作用中，又總是會有個一定的價值傾向（「理」）嗎？職是之故，我們可以得到一個重要且合理的訊息：隱藏在荀子禮論背後的「理在氣中」哲學思路。

　　董仲舒認爲陰陽二氣體現天之道，所以說：「天道之常，一陰一陽。」〔註25〕，並且提出「天地之氣，合而爲一，分爲陰陽，判爲四時，列爲五行。」〔註26〕的氣化宇宙模式。在董仲舒那裡，「氣」是宇宙的本原，然後由陰陽二氣分化運行，而五行的運轉動健不息，則跟陰陽的消長出入佔有同樣的作用。那麼，無論是陰陽還是五行，其意義便都只是在展現出一個氣化的宇宙世界（董仲舒對陰陽、五行之間的關係並沒有作合理的安排）。另外，董仲舒還提出「中和」之道：「中者，天地之所終始也，而和者天地

〔註19〕　《荀子新注・天論》，頁330。
〔註20〕　《荀子新注・天論》，頁325。
〔註21〕　《荀子新注・天論》，頁326。
〔註22〕　《荀子新注・禮論》，頁376。
〔註23〕　惠吉星認爲禮與理兩者是「一致的」，是「同一個原則的不同表現型態」。參見惠吉星：《荀子與中國文化》（貴州：貴州人民出版社，1996年），頁85。
〔註24〕　《荀子新注・彊國》，頁321。
〔註25〕　《春秋繁露・陰陽義》，頁309。
〔註26〕　《春秋繁露・五行相生》，頁334。

之所生成也。夫德莫大於和，而道莫正於中。」〔註 27〕，認爲天地之間陰陽之氣循環不斷運行的「中」，與天道最適合萬物生長的狀態，陰陽二氣調和的「和」，二者合爲一個最完美的天地之節。這也就是意謂著在氣的運行中恆常潛存著價值的傾向，故能以「中和」理天下、養其身。

戴震明確定義氣爲實體之名，而道爲流行之名（「謂之氣者，指其實體之名；謂之道者，指其流行之名」〔註 28〕），並且認爲陰陽五行爲道的實體，亦即所謂：「氣化流行，生生不息，是謂道」〔註 29〕，那麼，宇宙間萬事萬物任何一個活動的開展即是道──氣的運行。而在這個道的開展中，價值義也隨之呈現，因此戴震說：「實體實事罔非自然，而歸於必然，天地、人物、事爲之理得矣。」〔註 30〕也就是說，理是在這個氣的運行中的內在律則、價值規範，即所謂：理在氣中。那麼這種「歸於必然，適完其自然」〔註 31〕的過程，則是絲毫沒有扭曲，而是完全順遂無憾的。總而言之，「理在氣中」這個命題，在戴震這裡，可以說是講得非常透徹的了。

二、人性論──以氣論性

山井湧曾經評戴震：「由氣構成宇宙萬物物質方面的基本想法與朱熹等相比，幾乎沒有變化。但是，氣在戴震的哲學理論體系中獨被重視，如何用氣來解釋人的問題（尤其是人的性和情、欲等等），對氣和理的關係如何考慮──在這些方面，則是很有其特徵的。」〔註 32〕山井湧認爲戴震在宇宙論上氣學（以氣爲本的哲學型態）的特色並不凸出，然而在人性論上則非常具有代表性──能夠容易表徵氣學之所以爲氣學的。這種「人性論」主張，在荀子、董仲舒的哲學體系中，也可以清楚證明。

（一）稟受於「氣」的人性論

荀子對於性有很明白的界說：「生之所以然者，謂之性。性之和所生，精合感應，不事而自然，謂之性。」〔註 33〕荀子以「自然生命之絪縕」〔註 34〕

〔註 27〕 《春秋繁露・循天之道》，頁 415。
〔註 28〕 《孟子私淑錄》，頁 129。
〔註 29〕 《孟子私淑錄》，頁 129。
〔註 30〕 《孟子字義疏證・理》，頁 12。
〔註 31〕 《孟子字義疏證・理》，頁 19。
〔註 32〕 小野澤精一、福光永司、山井湧編著，李慶譯：《氣的思想──中國自然觀和人的觀念的發展》（上海：上海人民出版社，1992 年），頁 455。
〔註 33〕 《荀子新注・正名》，頁 437。

論性，認為自然稟受、天之就也就是性，可見荀子對性的詮釋，雖然不直接以氣這個名詞來對性作界定，但事實上，荀子卻正是以氣的概念對性作詮釋。這種生之自然的意義，在董仲舒那裡，也看的到，董仲舒說：「性之名，非生與！如其生於自然之資，謂之性。」〔註35〕董仲舒的說法跟荀子幾乎如出一轍，只是董仲舒還更進一步地以陰陽二氣來論人性的基本意涵：「天兩，有陰陽之施，身亦兩，有貪仁之性」〔註36〕。另外，像戴震也說的很清楚：「性者，分於陰陽五行以為血氣、心知、品物，區以別焉」。〔註37〕

　　荀子、董仲舒、戴震三人皆稟氣論性，因此他們對於性的內容規定，亦正是將欲、情也容納進去的。荀子說：「性者，天之就也。情者，性之質也，欲者，情之應也。」〔註38〕；董仲舒說：「天地之所生，謂之性情，性情相與為一瞑，情亦性也」〔註39〕；戴震說：「人生而後有欲，有情，有知；三者，血氣心知之自然也。」〔註40〕這種情外無性，把欲、情與性看作同質同位的定義，是他們三人稟氣論性的必然結果與共同特徵。

（二）理氣一本的性善觀

　　稟受氣而來的人之性，勢必會面臨一個棘手的問題，那就是對於儒家傳統的「性善」（言性善才有正面肯定人們道德實踐的自主性與能動性）要如何詮釋，即道德實踐的價值根源、以及道德實踐的如何可能的問題？這個命題的解答會比理本論、心本論者都要來的婉婉迂迴，而這也是氣學者最本位、最精彩的論述之處。在這裡，筆者歸納兩個重點作概論：其一，善出於性，性不即是善；其二，人之性善有等差之別。

　　荀子雖然講性惡，但並不表示荀子沒有肯定人性有善的價值傾向。荀子說：「無偽則性不能自美」〔註41〕，性雖不能自美，但是卻能美，這句話其實是暗示了性有可美的傾向，所以才會說：「性偽合，然後成聖人之名」〔註42〕。再者，荀子認為「兩情者，人生固有端焉。若夫斷之繼之，博之淺之，益之

〔註34〕　牟宗三：《心體與性體》第一冊（台北：正中書局，1970年），頁88。
〔註35〕　《春秋繁露・深察名號》，頁266。
〔註36〕　《春秋繁露・深察名號》，頁266。
〔註37〕　《孟子字義疏證・性》，頁25。
〔註38〕　《荀子新注・正名》，頁457。
〔註39〕　《春秋繁露・深察名號》，頁266。
〔註40〕　《孟子字義疏證・才》，頁40。
〔註41〕　《荀子新注・禮論》，頁386。
〔註42〕　《荀子新注・禮論》，頁386。

損之，類之盡之，盛之美之，使本末終始，莫不順比，足以爲萬世則，則是禮也。」〔註43〕在情感之中始終安排的很協調的，使文理稱情的就是禮，可以知道，荀子的禮（理）並不是外來的權威主義，而是實實在在潛存於人們稟氣而生的人性之中。荀子這種類似「理在氣中」的意味，同樣印證了荀子認爲人性有善的傾向。到董仲舒，董仲舒把性比喻成禾，善比喻成米。認爲米雖然是從禾來的，但是禾並不完全是米，這個比喻恰好揭示了人性天生有善的本質、善的傾向但卻不即是善的意涵。到戴震，戴震說：「古賢聖所謂仁義禮智，不求於所謂欲之外，不離乎血氣心知」〔註44〕、「人無有不善」〔註45〕、「孟子言性善，非無等差之善，不以性爲『足於己』也，主擴而充之，非『復其初』也。」〔註46〕可以知道，戴震對此議題辯證的較爲清楚完善，他認爲理在氣中（「歸於必然，適完其自然」）；人是性善，然善出於性，性不即是善；性善而有等差。。

　　對於善出於性，性不即是善這個部分，除了生而本有的欲情有潛存的內在節度外，還包括有「心知」，而善的價值傾向是性善說的前提，心能辨知禮義、愛悅禮義則是性善的積極面與關鍵處。因此，在這一脈絡下，都會肯定心知的作用。荀子說：「心生而有知」〔註47〕、「心知道，然後可道」〔註48〕；董仲舒說：「心之爲名，栣也」〔註49〕、「義以養其心，心不得養，不能樂」〔註50〕；戴震說：「理義在事情之條分縷析，接於我之心知，能辨之而悅之；其悅者，必其至是者也。」〔註51〕另外，由於稟氣成性，人有偏全、厚薄、清濁、昏明之不齊，所以人之善性不全是善，會因稟氣不同而有所差異，也就是性善有等差。董仲舒就認爲人性可以分類爲三種，即性三品，而戴震更明確的道出：「『孟子道性善，言必稱堯舜』，非謂盡人生而堯舜也。自堯舜而下，其等差凡幾？」〔註52〕

〔註43〕《荀子新注・禮論》，頁384。
〔註44〕《孟子字義疏證・性》，頁29。
〔註45〕《孟子字義疏證・性》，頁34。
〔註46〕《孟子私淑錄》，頁155。
〔註47〕《荀子・解蔽》，頁420。
〔註48〕《荀子・解蔽》，頁419。
〔註49〕《春秋繁露・深察名號》，頁266。
〔註50〕《春秋繁露・身之養重於義》，頁239。
〔註51〕《孟子字義疏證・理》，頁5。
〔註52〕《孟子字義疏證・性》，頁28～29。

綜上所述，生之自然的人性中有善的價值傾向（自然之中的必然），肯定善出於性〔註53〕。這種屬於自然的、理氣一本（禮義與欲情同源）的性善觀，就是這三個人的共同特徵。而他們這種類型的性善觀，更確切的來說，則是「弱性善觀」，「人性向善論」。〔註54〕

三、工夫論——修養於氣

「工夫」意指儒家的成德之學。人們稟氣而生，有偏全、厚薄、清濁、昏明之不齊，因此必須經由修養工夫，才能有所精進達至聖境。這裡所要討論的是荀子、董仲舒、戴震「氣」在工夫論上的考察，並由此透顯出氣的概念在這三個人的哲學體系中是貫徹與無所不在的。

（一）氣為工夫論中的基底

在本體宇宙是氣，人的心性也是氣的立場下，修養工夫自然也會跟氣有關，只不過在荀子、董仲舒、戴震那裡，修養於氣的意思不是把氣當做一個對象，可以具體的被操作修持，而是把氣當做一個基底意識。荀子認為「凡治氣養心之術，莫徑由禮，莫要得師，莫神一好。」〔註55〕；董仲舒認為：「故養生之大者，乃在愛氣，氣從神而成，神從意而出，心之所之謂意，意勞者神擾，神擾者氣少，氣少者難久矣」〔註56〕；戴震認為：「邵子又云：『氣則養性，性則乘氣；故氣存則性存，性動則氣動也。』此顯指神乘乎氣而資氣以養。」〔註57〕他們三人都以為，工夫的實際進程，都必須養氣，而這個氣是一種基底意識，能在修養中不斷精進、飽滿。氣不被拿來當作對象去實際操作，這點就跟道教吐故納新的養氣方式大不相同了。

（二）重視心氣的養成及身體的參與

荀子、董仲舒、戴震都重視養氣，而養氣首重養心。荀子說「心居中虛，以治五官」〔註58〕、「治氣養心」〔註59〕；董仲舒說：「君子道至氣則華而上，

〔註53〕 生之自然的人性，在欲、情中蘊含著善的價值傾向，而心則是能認知這個價值傾向的。

〔註54〕 「弱性善觀」、「人性向善論」的觀點是由劉又銘提出的。參見：劉又銘〈論荀子的哲學典範及其流變〉「荀子研究的回顧與開創」國際學術研討會（斗六：雲林科技大學，2006 年 2 月）會議論文，頁 3～5。

〔註55〕 《荀子新注・禮論》，頁 20～21。

〔註56〕 《春秋繁露・循天之道》，頁 417。

〔註57〕 《孟子字義疏證・理》，頁 17。

〔註58〕 《荀子新注・天論》，頁 326。

凡氣從心，心、氣之君也」〔註60〕；戴震說：「以心知言，昔者狹小而今也廣大，昔者闇昧而今也明察，是心知之得其養也」〔註61〕、「悖於理義，心氣必沮喪自失」〔註62〕。由此可知，荀子、董仲舒、戴震都非常重視心的修養，也就是心氣的養成。心知是性善的要素，而心也就稟氣有昏明之別，因此，心的操持修養就非常重要。這種對心的操持修養，跟理本論、心本論下對心之本原的性體、心體的「復其初」並不相同。

由於荀子、董仲舒、戴震並不主張在心性之中有一個超越的道德實體（也可以說是因為心也是氣、是一整全的自然之心），因此心知往往會依憑身體所處的妥適狀態來加強精進，這就是劉又銘先生所說的：「當人的慾望、情感符合了這個價值傾向時，他的生命全體自然會出現一個合宜、適切的具體的感受和效應，這樣的感受和效應便有力地支持著呼應著心知、意識上的價值直覺和由衷的肯認。」〔註63〕就這一層理解來看，其在身心的關係上，便更容易是一整全整體的——一種身心一如、身心互滲的狀態。也就是說，在修養工夫上，荀子、董仲舒、戴震除了重視心氣的修養外，更願意多了一份身體的參與。所以荀子才會主張以禮治氣、以樂調氣，而董仲舒（「男女體其盛，臭味取其勝，居處就其和，勞佚居其中，寒暖無失適，饑飽無過平，欲惡度理，動靜順性，喜怒止於中，憂懼反之正，此中和常在乎其身」〔註64〕）和戴震（「血氣資飲食以養」〔註65〕）則也都重視養身。這種對身體的保養與調節，就是他們對於修養工夫所共同注重的環節。因為他們都認為以自然之欲、情為出發的調節行為（養身也是，實踐禮義也是），才是最能安頓身心，讓身心得到照顧保養的。這也就是為什麼董仲舒會說：「仁人所以多壽」〔註66〕；戴震會說：「心之仁，耳目百體莫不喻」〔註67〕的緣故了。

〔註59〕《荀子新注‧修身》，頁20。
〔註60〕《春秋繁露‧循天之道》，頁416。
〔註61〕《孟子字義疏證‧理》，頁8。
〔註62〕《孟子字義疏證‧理》，頁7。
〔註63〕劉又銘：〈明清儒家自然氣本論的哲學典範〉「體知與儒學」學術研討會（台北：哈佛燕京學社、台大高研院「東亞經典與文化」計畫合辦，2006 年 11 月）會議論文，頁312。
〔註64〕《春秋繁露‧循天之道》，頁419。
〔註65〕《孟子字義疏證‧理》，頁8。
〔註66〕《春秋繁露‧循天之道》，頁416。
〔註67〕《原善》，頁67。

　　值得注意的是，這種對身體的保養，強調的是正常的作息與規律的飲食，而不是對身體的強制執行。相反的，在孟學脈絡下，總是相信心的發用，所以凸顯了心對於身體的控制（心性是理、身體欲情是氣），因此用靜坐、悟道等方式來強制身體的修為，使身體完全是精神的身體。如此修養工夫實在大大迥異於荀子、董仲舒、戴震這一脈的修養路數，因為荀子、董仲舒、戴震總是在實踐的過程中，「要隨時根據實踐的結果、反應，來重新校正、權衡既有的知，然後再根據重新校正、權衡過的知來繼續實踐」〔註68〕，心氣不是一發動就透徹明知，所以尊重身體的參與，並對修養工夫都是戒慎恐懼，不斷驗證與修改的。

第二節　「自然氣本論」：儒家另一種本體論的哲學典範

　　在荀子性惡論的標籤下；在董仲舒天人感應的籠罩下；在戴震《孟子字義疏證》的著述下，我們還是可以掘發出他們三人哲學的基本立場、一貫理路。綜合前面的所有論述，我們可以說荀子、董仲舒、戴震的確可歸屬於同一脈絡，這是荀學在不同時代的不同發展，而這個發展卻可以沿著一條穩固不變、由隱至顯的思想線索來探勘，那就是──「氣論」。這個氣論，更確切的來說，就是「自然氣本論」。

　　在荀子、董仲舒那裡，自然氣本論的發展並不完全，是屬於開創性、摸索性的，但是到了戴震，則發展成為一個明朗的、成熟的自然氣本論。這無疑是戴震在經過宋明理學之洗禮才更後出轉精的結果，因此，我們不能因為荀子、董仲舒在氣本論上哲學建構的不成熟，就把荀子、董仲舒氣本論的思路隱藏擱置，相反的，如果能誠實面對荀子、董仲舒隱藏著的一個自然氣本論思路，那麼這樣的一條脈絡線索，放進「史」的圖像之中，就會更深具意義了。

　　自然氣本論可以說是不同於儒家理本論、心本論的另一宗哲學典範，並且它仍保有儒家傳統意義下的正當性與合理性，因為自然氣本論依舊是符合「天道性命相貫通」、「性善」、「道德自覺」等的命題，只是它有其不同的主

〔註68〕劉又銘：〈明清儒家自然氣本論的哲學典範〉「體知與儒學」學術研討會（台北：哈佛燕京學社、台大高研院「東亞經典與文化」計畫合辦，2006 年 11 月）會議論文，頁 313。

張與進路。自然氣本論者認為宇宙萬物的本原本體是氣，而人稟氣而生，其心性實體也是氣，天道、性命兩端共同享有「理在氣中」、「自然之中的必然」的型態，這就是天道性命相貫通〔註69〕。而對於「性善」的觀點，雖然荀子言性惡，董仲舒說「性未善」，戴震直指「性無有不善」，但他們其實都是屬於同一類型——「人性向善」。另外在「道德自覺」上，荀子、董仲舒、戴震依舊是肯定了心的作用，心能辨知禮義、愛悅禮義，因此在道德實踐上便具有積極的自主性，只是心的發動並不是像孟學思路下那樣的遍全飽滿，能夠自做主宰自我成就。因此荀學思路下的心雖有優先性與主宰性，但卻不是那麼直接與絕對，所以在工夫論上，就會更肯定身體的參與，以身心一如的整體論之〔註70〕。這就是「氣的流行，使身心轉化的可能得以敞開」，然後「因著氣的不同深度、不同型相，人乃得以展現出不同的境界層深。」〔註71〕

自然氣本論這種「把『氣』置於宇宙所有存在的根柢上，因而尊重活動和生命（換句話說，是自然）」〔註72〕，就是自然氣本論的初衷、特色。因此，自然氣本論者總會對人生而本有的欲、情多一份包容與關懷。像荀子就說過「雖堯舜不能去民之欲利」〔註73〕；董仲舒則說：「性情相與為一瞑」〔註74〕；戴震更是闡明：「理也者，情之不爽失也；未有情不得而理得者也。」〔註75〕他們對欲、情的認同，並不代表就是對欲、情的放縱蕩越，相反的，更因為知道自己心性的有限度價值（相對於孟學心性的飽滿價值），所以對於個人自身的道德認取、達到道德境域便會更小心翼翼、嚴格謹慎，此亦誠如王汎森所說：

　　過去是只將七情六欲及所有後天的東西消除淨盡變保證自己可以成

〔註69〕 這個說法首見於劉又銘。參見劉又銘：〈明清儒家自然氣本論的哲學典範〉「體知與儒學」學術研討會（台北：哈佛燕京學社、台大高研院「東亞經典與文化」計畫合辦，2006年11月）會議論文，頁317。

〔註70〕 孟學脈絡下也是身心一如，養心就是養身，身體必然可以透過意識來修養，工夫完全依照心的指定。因此就這層意義上來說，孟學脈絡下的身體卻常常是被犧牲的，甚至被認為是萬惡之源。

〔註71〕 周與沉：《身體：思想與修行——以中國經典為中心的跨文化觀照》（北京：中國社會科學出版社，2005年），頁295。

〔註72〕 小野澤精一、福光永司、山井湧編著，李慶譯：《氣的思想——中國自然觀和人的觀念的發展》（上海：上海人民出版社，1992年），頁454。

〔註73〕 《荀子新注·大略》，頁541。

〔註74〕 《春秋繁露·深察名號》，頁267。

〔註75〕 《孟子字義疏證·理》，頁1。

德，但新的嚴格主義既認爲欲亦理中所當有，氣質不可不謂性，所
以道德修養工夫是礦中取金、米中挑鹽的工作，必須非常戒愼小心
才可能做好。故由一靜坐便無餘事的成德觀念變成在行動的實踐中
才能成德的觀念。〔註76〕

這種道德價值（內在心性並無一先驗的、價值完滿的道德實體）的倫理，在
積極義上，就是對自我在踐履道德時的實事求是，步步精進；而在另一面的
消極義上，也由於認識到道德圓滿的難以到達，因此對他人總不致責人太甚。
這就是自然氣本論在人性論上所透顯出的價值意涵。而「在行動的實踐中才
能成德的觀念」其實也就是符合了「體知」〔註77〕。

「體知」是一個致思的過程，也是一個行爲的展開，以滿足求知的
願望爲目的，又以獲得身心的愉悅爲標矢，是採集和添加理論元素
的必要工作，更是充實和完善人生旅程的切實步履。〔註78〕

自然氣本論者的修養工夫不是「復性」，而是主張在人倫日用的場域中，進
行道德實踐的可能，必須要從「自我」與「他者」之間，接觸碰撞後磨合，
再經過斷之繼之、博之淺之、益之損之、類之盡之、盛之美之……等交會考
驗之後，才能顯現出本末相順、終始相應的「理」。那麼以己觀之，重視的
是身──心的整體效應；以類觀之，就必須有所學習，與現實世界接觸聯繫。

筆者以氣論的角度，聯繫荀子──董仲舒──戴震，的確可以掘發出不
同於以往傳統視角下的荀學。當然我們也必須承認，每一個思想家都必然有
著他們自身的歷史背景、不得不回應當時的時代課題，因此荀子、董仲舒、
戴震一定也有他們各自不同的關心、視域，誠如鄭吉雄所說：「漢代思想家有
意識地將『人道』問題比附於『天道』、闡發機械而具神秘規律的思想，而東
原則有意將這議題從天上拉回人間」。〔註79〕然而在本論文中，筆者所要揭櫫

〔註76〕王汎森〈明末清初的一種道德嚴格主義〉，郝延平、魏秀鳳主編：《近世中國
之傳統與蛻變》（台北：中央研究院近代史研究所，1998 年），頁 74。

〔註77〕二十世紀八十年代杜維明標舉「體知」一詞，強調以「體驗」、「身體力行」
爲基礎的「體知」是儒家「德性之知」的核心。參見「體知與儒學」學術研
討會（台北：哈佛燕京學社、台大高研院「東亞經典與文化」計畫合辦，2006
年 11 月）會議說明。

〔註78〕景海峰：〈「體知」的意義──從詮釋學的觀點看〉「體知與儒學」學術研討會
（台北：哈佛燕京學社、台大高研院「東亞經典與文化」計畫合辦，2006 年
11 月）會議論文，頁 27。

〔註79〕鄭吉雄：〈戴東原氣論與漢儒元氣論的歧異〉，《台大中文學報》第 21 期（2004
年 12 月），頁 228。

的是這三個人的內在理路，是一個可以經過歷史然後沉積下來的深層結構。那麼在思想史上，荀子、董仲舒、戴震各自不同的理論主張，其實也就是自然氣本論者對於不同時代的不同回應。

　　筆者在此合理的取樣董仲舒、戴震來做研究，只是初步呈現了荀學史的圖像；以氣論作為研究的切入點，則是提供了一個賦予新的描繪的可能性。或許這種研究角度的切入點，可以為以後荀學的研究提供一個關鍵性的線索，當然也希冀有其他可能的切入面向、詮釋空間，然後就真的可以為失聯的荀學都串聯起來（不限於漢、清代，是歷時所有朝代的思想人物）。這將會是在現代研究者的加入後，以及反覆的探析、釐清、質疑、溯尋的工作中，更加澄澈而清晰。而荀學的歷史圖像也將會更波瀾壯闊。

參考書目

一、古籍及其注釋：（依荀子、董仲舒、戴震為序）

1. 北大哲學系注釋：《荀子新注》，北京：中華書局，1979 年。

2. 李滌生：《荀子集釋》，台北：台灣學生書局，1981 年。

3. 王先謙撰，沈嘯寰、王星賢點校：《荀子集解》，北京：中華書局，1988 年。

4. 賴炎元：《春秋繁露今註今譯》，台北：台灣商務印書館，1984 年。

5. 蘇輿：《春秋繁露義證》，北京：中華書局，1992 年。

6. 袁長江：《董仲舒集》，北京：學苑出版社，2003 年。

7. 戴震：《孟子字義疏證》，北京：中華書局，1961 年。

8. 戴震：《戴震全書》，安徽：黃山書社，1995 年。

二、近人研究專著（依作者筆畫為序）：

1. （日）小野澤精一、福永光司、山井湧等著：《氣的思想——中國自然觀和人的觀念的發展》，上海：上海人民出版社，1990 年。

2. 王永祥：《董仲舒評傳》，南京：南京大學出版社，1995 年。

3. 王俊彥：《王廷相與民代氣學》，台北：秀威資訊科技，2005 年。

4. 王孺松：《董仲舒天道觀》，台北：教育文物出版社，1985 年。

5. 方東美：《中國人生哲學》，台北：黎明文化公司，1979 年。

6. 方東美：《中國哲學之精神及其發展》，台北：成均出版社，1984 年。

7. 成中英：《知識與價值——合諧、真理與正義之探索》，台北：聯經出版社公司，1986 年。

8. 成中英：《合內外之道——儒家哲學論》，北京：中國社會科學出版社，2001 年。

9. 牟宗三：《名家與荀子》，台北：台灣學生書局，1994 年。

10.（美）艾爾曼（B.A.Elman）:《從理學到樸學——中華帝國晚期思想與社會變化面面觀》,南京：江蘇人民出版社,1997 年。

11. 李震:《中外形上學比較研究》,台北：中央文物供應社,1982 年。

12. 李震:《哲學的宇宙觀》,台北：台灣學生書局,1990 年。

13. 李存山:《中國氣論探源與發微》,北京：中國社會科學出版社,1990 年。

14. 李志林:《氣論與傳統思維方式》,上海：學林出版社,1990 年。

15. 李威熊:《董仲舒與西漢學術》,台北：文史哲出版社,1978 年。

16. 李宗桂:《戴震與中國文化》,貴州：貴州人民出版社,2000 年。

17. 李哲賢:《荀子之核心思想——「禮義之統」及其時代意義》,台北：文津出版社,1994 年。

18. 李澤厚:《中國古代思想史論》,台北：漢京文化事業公司,1987 年。

19. 李澤厚:《波齋新說》,台北：允晨文化,2000 年。

20. 李幼蒸:《仁學解釋學——孔孟倫理學結構分析》,北京：中國人民大學出版社,2004 年。

21. 余英時:《論戴震與章學誠——清代中期學術思想史研究》,台北：東大圖書公司,1996 年。

22. 余英時:《歷史與思想》,台北：聯經,1975 年。

23. 余治平:《惟天爲大——建基於信念本體的董仲舒哲學研究》,北京：商務印書館,2003 年。

24. 沈清松:《現代哲學論衡》,台北：黎明文化公司,1990 年。

25. 周桂鈿:《董學探微》,北京：北京師範大學出版社,1989 年。

26. 吳文璋:《荀子的音樂哲學》,台北：文津出版社,1994 年。

27. 吳文璋:《巫師傳統和儒家的深層結構：以先秦到西漢的儒家爲研究對象》,高雄：高雄復文圖書,2001 年。

28. 林啓屏:《儒學思想中的具體性思維》,台北：台灣學生書局,2004 年。

29. 胡適:《戴東原的哲學》,台北：台灣商務印書館,1996 年。

30. 韋政通:《董仲舒》,台北：東大圖書有限公司,1986 年。

31. 韋政通:《荀子與古代哲學》,台北：台灣商務印書館,1992 年。

32. 韋政通主編:《中國哲學辭典大全》,台北,水牛出版社,1994 年。

33. 韋政通:《中國思想史》,台北：水牛出版社,2004 年。

34. 俞仁寰:《從類字透視荀子政治思想之體系》,台北：國立台灣大學法學院,1962 年。

35. 俞孟宣:《本體論研究》,上海：上海人民出版社,1999 年。

36. 唐端正:《先秦諸子論叢》,台北：東大圖書有限公司,1981 年。

37. 徐平章:《荀子與兩漢哲學》,台北:文津出版社,1988 年。

38. 徐復觀:《兩漢思想史》,香港:中文大學,1975 年。

39. 馬積高:《荀學源流》,上海:上海古籍出版社,2000 年。

40. 袁保新《中庸形上思想》,台北:東大圖書公司,1988 年。

41. 陳大齊:《荀子學說》,台北:中國文化大學出版社,1989 年。

42. 勞思光:《新編中國哲學史》,台北:三民書局,2001 年。

43. 張立文:《氣》,北京:中國人民大學出版社,1990 年。

44. 張立文:《中國哲學範疇發展史——天道篇》,台北:五南圖書公司,1996 年。

45. 張世英:《新哲學講演錄》,桂林:廣西師範大學出版社,2004 年。

46. 張麗珠:《清代義理學新貌》,台北:里仁書局,1999 年。

47. 張雙英、黃景進譯:《當代文學理論》,台北:合森文化事業,1991 年。

48. 張曙光:《外王之學——荀子與中國文化》,開封:河南大學出版社,1995 年。

49. 張壽安:《以禮代理——凌廷堪與清中葉儒學思想之轉變》,台北:中研院近代史研究所,1994 年。。

50. 曾振宇:《中國氣論哲學研究》,濟南:山東大學出版社,2001 年。

51. 曾振宇、范學輝著:《天人衡中——《春秋繁露》與中國文化》,開封:河南大學出版社,1998 年。

52. 惠吉星:《荀子與中國文化》,貴州:貴州人民出版社,1996 年。

53. 黃俊傑:《史學方法論叢》,台北:台灣書局,1981 年。

54. 黃俊傑:《經學今銓初編》,瀋陽:遼寧教育出版社,2000 年。

55. 黃俊傑:《東亞儒學史的新視野》,台北:喜瑪拉雅基金會,2001 年。

56. 馮達文:《早期中國哲學略論》,湛江:廣東人民出版社,1998 年。

57. 馮達文、郭齊勇主編:《新編中國哲學史》,北京:人民出版社,2004 年。

58. 傅偉勳:《創造的詮釋到大乘佛學》,台北:東大圖書公司,1990 年。

59. 傅偉勳:《批判的繼承和創新的發展》,台北:東大圖書公司,1991 年。

60. 楊長鎮:《荀子類的存有論研究》,台北:文津出版社,1996 年。

61. 楊儒賓:《中國古代思想中的氣論及身體觀》,台北:巨流圖書公司,1993 年。

62. 楊儒賓:《儒家身體觀》,台北:中央研究院中國文哲研究所籌備處,1996 年。

63. 楊儒賓、祝平次編:《儒學的氣論與工夫論》,台北:台大出版中心,2005 年。

64. 劉又銘：《理在氣中：羅欽順、王廷相、顧炎武、戴震氣本論研究》，台北：五南圖書公司，2000 年。

65. 廖名春：《荀子新探》，台北：文津出版社，1994 年。

66. 蔡仁厚：《孔孟荀哲學》，台北：台灣學生書局，1984 年。

67. 蔡仁厚：《荀子與朱子心性論之比較》，新加坡：東亞哲學研究院，1987 年。

68. 錢穆：《中國近三百年學術史》，台北：台灣商務印書館，1996 年。

69. 鮑國順：《荀子學說析論》，台北：華正書局，1982 年。

70. 龍宇純：《荀子論集》，台北：台灣學生書局，1987 年。

71. 魏元珪：《荀子哲學思想研究》，台中：東海大學出版社，1982 年。

72. 龔鵬程：《漢代思潮》，嘉義：紅螞蟻圖書館，1999 年。

73. 楊秀宮：《孔孟荀禮法思想的演變與發展》，台北：文史哲出版社，2000 年。

三、學位論文（依時間為序）

1. 劉人鵬：《閻若璩與古文尚書辨偽——一個學術史的個案研究》（博士論文），台北：台灣大學中文研究所，1991 年。

2. 杜保瑞：《論王船山易學與氣學並重的形上學進路》（博士論文），台北：台灣大學哲學研究所，1993 年。

3. 梁惠卿：《董仲舒陰陽哲學研究》（碩士論文），台北：輔仁大學哲學研究所，1993。

4. 陳明恩：《氣化宇宙主體架構的形成及開展》（碩士論文），台北：淡江大學中國文學研究所，1995 年。

5. 陳春福：《戴震《孟子字義疏證》「氣化流行」思想研究》（碩士論文），台北：中國文化大學中文研究所，2003 年。

四、期刊論文（依時間為序）

1. 金春峰：〈論董仲舒思想的特點及其歷史作用〉，《中國社會科學》，1980 年第 6 期。

2. 周群振：〈董仲舒與儒家學術傳承之大勢論析——董仲舒天人思想研究之 1〉，《中國文化月刊》第 16 期，1981 年 2 月。

3. 周群振：〈董仲舒天道觀之內涵與模態辨義——董仲舒天人思想研究之 2〉，《中國文化月刊》第 17 期，1981 年 3 月。

4. 周群振：〈陰陽五行說思想之淵源及在發展中之變形——董仲舒天人思想研究之 3〉，《中國文化月刊》第 18 期，1981 年 4 月。

5. 周群振：〈關於陰陽五行說義理之全般檢定——董仲舒天人思想研究之 4〉，《中國文化月刊》第 19 期，1981 年 5 月。

6. 周群振：〈董仲舒氣化宇宙觀下之心性論（上）──董仲舒天人思想研究之 5〉，《中國文化月刊》第 23 期（1981 年 9 月）

7. 周群振：〈董仲舒氣化宇宙觀下之心性論（下）──董仲舒天人思想研究之 6〉，《中國文化月刊》第 24 期，1981 年 10 月。

8. 周桂鈿：〈氣、元氣、一元論〉，《中國哲學史研究》，1983 年第 4 期。

9. 蕭洪恩：〈由氣體到氣用〉，《中國哲學史研究》，1987 年第 1 期。

10. （日）山井涌：〈程廷祚的氣的哲學──兼論朱熹、程廷祚、戴震思想的異同〉，《中國哲學史研究》，1988 年第 1 期。

11. 袁爾鉅：〈理學和心學考辨──兼論確論「氣學」〉，《甘肅社會學科》，1988 年第 5 期。

12. 林義正：〈中國哲學中『虛』概念的演變及體系〉，《哲學與文化》第 18 卷第 7 期，1991 年 7 月。

13. 張懷承：〈戴震氣化流行的學說及其對傳統氣論的繼承與發展〉，《中國文化月刊》第 148 期，1992 年 2 月。

14. 張壽安：〈戴震義理思想的基礎及其推展〉，《漢學研究》第 10 卷第 1 期，1992 年 6 月。

15. 張懷承：〈簡論戴震性本於陰陽五行的思想〉，《中國文化月刊》第 170 期，1993 年 12 月。

16. 葛榮晉、屈桂英：〈戴震哲學思想新論〉，《甘肅社會學科》，1994 年第 5 期。

17. 曾振宇：〈氣的哲學化歷程〉，《遼寧師範大學學報：社科版》，1996 年第 4 期。

18. 張才興：〈先秦諸子的氣論〉，《中華文化學報》第 3 期，1996 年 5 月。

19. 劉又銘：〈顧炎武「以情為本」的心性論〉，《中華學苑》第 49 期，1997 年 1 月。

20. 王慶光：〈晚周氣論應變說及荀子之回應〉，《興大人文社會學報》第 6 期，1997 年 6 月。

21. 李存山：〈如何探討氣論哲學的「一般性質」〉，《孔子研究》（濟南），1998 年第 1 期。

22. 王汎森：〈清出思想中形上玄遠之學的沒落〉，《中央研究院歷史語言研究所集刊》，1998 年。

23. （日）岡田武彥著、陳瑋芬譯：〈戴震與日本古學派的思想──唯氣論與理學批判論的展開〉，《中國文哲研究通訊》第 10 卷第 2 期，2000 年 6 月。

24. 李增：〈董仲舒天人合一思考型態之探討〉，《國立政治大學哲學學報》第 7 期，2001 年 6 月。

25. 伍振勳：〈荀子的「身、禮一體觀」——從「自然的身體」到，「禮義的身體」〉《中國文哲研究集刊》第 19 期，2001 年 9 月。

26. 王俊彥：〈呂緝熙「氣生於氣」之思想〉，《中國文化大學中文學報》第 7 期，2002 年 3 月。

27. 杜保瑞：〈董仲舒政治哲學與宇宙論進路的儒學建構〉，《哲學與文化》第 30 卷第 9 期，2003 年 9 月。

28. 鄭吉雄：〈戴東原氣論與漢儒元氣論的歧異〉，《台大中文學報》第 21 期，2004 年 12 月。

五、會議論文（依時間為序）

1. 鮑國順：〈戴震與孟荀思想的關係研究〉，《第一屆清代學術研討會——思想與文學論文集》，高雄：國立中山大學中國文學系，1989 年 11 月。

2. 劉又銘：〈顧炎武以氣為本的宇宙觀〉，《清代學術論叢——第一輯》，高雄：國立中山大學中國文學系，文津出版社，2001 年。

3. 劉又銘：〈從「蘊謂」論荀子哲學潛在的性善觀〉，《「孔學與二十一世紀」國際學術研討會論文集》，台北：政治大學文學院，2001 年 9 月。

4. 劉又銘：〈大學思想的歷史變遷〉，「東亞四書學」國際學術研討會（台北：台大東亞文明研究中心，2005 年 4 月）會議論文。

5. 楊儒賓：〈「氣學」及其檢證標準〉，「第四屆日本漢學」國際學術研討會（台北：台大東亞文明研究中心，2005 年 5 月）會議論文。

6. 劉又銘：〈合中有分——荀子、董仲舒天人關係論新詮〉，「中國文哲之當代詮釋：文本、對話與詮釋」學術研討會（台北：國立台北大學中國語文學系，2005 年 10 月）會議論文。

7. 劉又銘：〈論荀子的哲學典範及其流變〉「荀子研究的回顧與開創」國際學術研討會（雲林：雲林科技大學漢學資料整理研究所，2006 年 2 月）

8. 佐藤將之：〈掌握變化的道德：《荀子》「誠」概念的結構〉「荀子研究的回顧與開創」國際學術研討會（雲林：雲林科技大學漢學資料整理研究所，2006 年 2 月）

9. 劉又銘：〈明清儒家自然氣本論的哲學典範〉「體知與儒學」學術研討會（台北：哈佛燕京學社、台大高研院「東亞經典與文化」計畫合辦，2006 年 11 月）

10. 景海峰：〈「體知」的意義——從詮釋學的觀點看〉「體知與儒學」學術研討會（台北：哈佛燕京學社、台大高研院「東亞經典與文化」計畫合辦，2006 年 11 月）會議論文。

11. 劉又銘：〈儒家哲學的重建——當代新荀學的進路〉，「國際儒學論壇：儒家文化與經濟發展」國際學術研討會會後修訂稿。（北京中國人民大學暨韓國高等教育財團主辦，2007 年）

附錄：正始儒者
——傅玄的荀學思想闡微[*]

【摘要】

　　魏晉時期的儒學相較於玄學，是較爲黯淡而退居幕後的，但儒家思想卻沒有因此而停頓，事實上，在魏晉時期儒學自身也在思考著它應該選擇哪種儒學資源作回應，以及思考著自身該如何前進。正始時期玄學開始興盛，而其間以儒家思想爲本位的傅玄，就是值得探究的對象。本文從天人關係、人性論、禮法思想三大面向去深入考察傅玄的思想，論證傅玄的思想幾乎是與荀子之學相通的。不惟如此，傅玄尚比荀子重實際，更講求外王之道，可以說是大談天人有分、正心信義與教化，尤其又對禮法之學有所專長，故究其歸旨應屬儒家中的荀學無疑。如此不僅印證了《四庫全書》將《傅子》歸於子部儒家類的正確性，還更深入的分析檢證傅玄的儒家思想其實就是荀學。而我們或許也可以說，這種重視群分、知通統類，重視學習教化、禮法相濟的，不就正是魏晉時期儒學所必須借重的理論學說嗎？那麼在魏晉時期裡能一展長才的儒學主張、並站穩儒家立場的——應該就是儒家中的荀學了。

關鍵字：傅玄、傅子、荀學、魏晉儒學、正始儒家

---

*本文通過《東吳中文線上學術論文》審查，預計刊登於第 30 期（2015 年 3 月）。

壹、緒　言

　　魏晉時期可以說是我國思想史上繼先秦時代又一次爭鳴大開的格局，期間，許多議題得到開展，如：本末有無、才性名理、名教自然、言意之辨、聖人論、樂論……等等，造成思想史上一波瀾壯闊的局面。在這統一價值解體、是非標準多樣化的態勢與氛圍下，玄學〔註1〕漸漸取代儒學成為主流地位〔註2〕。就目前學界的情形來說，也都是以玄學作為整個魏晉時期的基調，認為整部魏晉思想史，就是玄學史〔註3〕——正始玄學、竹林玄學、西晉玄學、

〔註1〕 至南朝時，「玄學」成了一門學科。《宋書・隱逸・雷次宗傳》：「（宋文帝）元嘉十五年，征次宗至京師，開館於雞籠山，聚徒教授，置生百餘人。會稽朱膺之、穎川庾蔚之並以儒學，監總諸生。時國子學未立，上留心藝術，使丹陽尹何尚之立玄學，太子率更令何承天立史學，司徒參軍謝元立文學，凡四學並建。」可見，玄學學說已成為思想界的主要話題之一，而與傳統儒學、史學、文學並立於學官。另外，就「玄學」思想內容上，援引學者的說法。湯用彤：「夫玄學者，謂玄遠之學。學貴玄遠，則略於具體事物而究心抽象原理。論天道則不拘於構成資料，而進探本體存在；論人事則輕忽有形之粗迹，而專期神理之妙用。夫具體之迹象，可道者也，有言有名者也；抽象之本體，無名絕言而以意會者也。」見氏著：《魏晉玄學論稿》（上海：上海古籍出版社，2001年），頁25。高晨陽：「所謂玄學，是指魏晉時期以老莊思想為骨幹，以會通儒道為主旨而研究『玄理』的一種特定的哲學思潮。」見氏著：《儒道會通與正始玄學》（濟南：齊魯書社，2000年），頁14。

〔註2〕 在西漢武帝「罷黜百家、獨尊儒術」的文化政策下，儒學擁有了長期維持、發展的現實基礎，確立了儒家思想的正統地位。直至東漢末年社會動盪，三國、兩晉政治分裂，這一連串兵燹倥傯、紛亂不已的世局，都在在使得文化與思想不斷解構與重組，而儒學「獨尊」的地位，也失去了歷史條件。

〔註3〕 湯用彤：「關於魏晉思想的發展，粗略分為四期：（一）正始時期，在理論上多以《周易》、《老子》為根據，用何晏、王弼作代表。（二）元康時期，在思想上多受《莊子》學的影響，『激烈派』的思想流行。（三）永嘉時期，至少一部分人士上承正始時期『溫和派』的態度，而有『新莊學』，以向秀、郭象為代表。（四）東晉時期，亦可稱『佛學時期』。」見氏著：《魏晉玄學論稿・附錄・魏晉思想的發展》，（上海：上海古籍出版社，2005年），頁109～110。田文棠《魏晉三大思潮論稿》將魏晉思想的發展階段分為名理學、玄理學、佛理學三大思潮。名理學在漢末至正始時期發展，以《人物志》、《四本論》作為代表。玄理學在正始至元康時期發展，並細分三個階段，第一階段為正始時期以何晏、王弼為代表；第二階段為竹林時期，以嵇康、阮籍為代表；第三階段為元康時期，以郭象為代表。見氏著：《魏晉三大思潮論稿》（西安：陝西師範大學出版社，1988年），頁1～276。余敦康《魏晉玄學史》將玄學的發展階段分為正始玄學——何晏、王弼的貴無論玄學；竹林玄學：阮籍、嵇康的自然論玄學；西晉玄學——裴頠崇有論玄學與郭象獨化論玄學；東晉佛玄合流思潮。見氏著：《魏晉玄學史》（北京：北京大學出版社，2004年），

東晉玄佛合流思潮。這當然是著眼於不同時代、不同思想分期詮釋的有效性，我們也可以說，玄學或許的確標舉了魏晉的主要思想與學術活動，然而，對於魏晉思想史的定位，是否就以「玄學」能概括魏晉之學？答案顯然有待商榷。

「正始」是魏廢帝曹芳的年號（240～249），期間玄學開始興盛，以何晏（193?～249）、王弼（226～249）為首，他們以老莊思想為底蘊，談玄析理，放達不羈；而在此同時，也有另一批思想家們，以杜恕（198～252）、傅玄（217～278）、袁準（237～316）為主，他們注重禮法綱常，糾正流俗，端正世風。也就是說，於正始時期，不僅僅是玄學獨佔思潮，尚還有另一批人有不同的思想主張與之抗衡。

> 在魏晉南北朝時期，由於玄學的流行，也出現了一批反玄學的思想家，批判老莊思潮。他們大都屬於儒家的學者。〔註4〕
>
> 貫串魏晉兩百年間的玄學，雖居於主流思想的地位，但也相對地引發了對玄學思想的反省和批判，這種因批判玄學而產生的思想，稱之為反玄學思想。其中有代表維護兩漢傳統的經學家如傅玄、范寧等人的對玄學的譴責，揚泉的《物理論》，歐陽建的〈言盡意論〉……裴頠的〈崇有論〉……以上所舉統稱為反玄思想。〔註5〕

雖然反玄研究大致上也都肯定魏晉時期的儒家思想，但魏晉時期儒家思想所關懷的層面、創建的學說、思考問題的角度、價值的判斷等，皆可以說是有別於玄學外，一股不容忽視的思潮。因此需要辨明的是，本文研究的進路和「反玄」不同。「反玄」研究的立場在於「反」、「玄」，是放在當時時空背景下的共時性研究，內容屬於「反動」、「反思」「反制」，是在玄學脈絡下進行的研究〔註6〕。而本文論述卻是以儒家思想為本位立場，是放在歷時性的平台

頁1～476。另外有關魏晉玄學分期說之商榷與問題的如莊耀郎：〈魏晉玄學釋義及其分類之商榷〉，《鵝湖學誌》第6期（1991年6月），頁33～61 謝大寧〈試論玄學的分期問題〉，收入《含章光化：：戴璉璋先生七秩哲誕論文集》（臺北：里仁，2002年），頁285～325。

〔註4〕 朱伯崑《易學哲學史》（台北：藍燈文化事業股份有限公司，1991年），頁355。

〔註5〕 莊耀郎：〈魏晉反玄思想析論〉，《國文學報》第24期（1995年6月），頁144。

〔註6〕 江建俊先生：「未來研究玄學者，必將正視『反玄』的聲音，藉由『暢玄』與『反玄』二方面同時對映，足以彌補現今玄學史之疏漏。見氏著〈玄風中的反玄〉，收錄於《第十八屆「中國學」國際學術會議論文集》（韓國：漢城，1998年8月），頁79～80。

上，深究掘發出魏晉儒者的儒家學說，其目的是在聯繫失落的魏晉儒學〔註7〕。以傅玄爲例：

> 玄字休奕，少時避難於河內，專心誦學，後雖顯貴，而著述不廢，撰論經國九流及三史故事，評斷得失，各爲區別，名爲《傅子》，爲内、外、中篇，凡有四部六錄，合百四十首，數十萬言，並《文集》百餘卷行於世。（《晉書·傅玄傳》）

傅玄的著作甚豐，有思想義理、史料故事、詩文作品等，其中思想義理的部分，以《傅子》爲代表。《傅子》一書原有一百二十卷，可惜在流傳過程中，大多疏陋或失傳，幸得清代輯佚風氣盛行，補苴罅漏，校訂本才相繼出現，目前以方濬師、嚴可均、葉德輝三種輯本最爲完整可取〔註8〕。《傅子》一書，分内、外、中三篇，嚴可均認爲內篇內容是「經國九流」，外篇是「三史故事」，中篇是《魏書》底本，；而《傅玄評傳》則認爲內篇是「傳論經國」，外篇中篇爲「九流、三史故事」。時人王沈據內篇的內容，評其爲「存重儒教」：

> 玄初作內篇成，子咸以示司空王沈。沈與玄書曰：「省足下所著書，言富理濟，經綸政體，存重儒教，足以塞楊、墨之流遁，齊孫、孟於往代。」每開卷，未嘗不歎息也。〔註9〕

王沈以爲傅玄以儒家思想爲基底，多討論經世濟民的治國方針，實可媲美荀、孟。然而在《隋·志》卻將《傅子》收入於子部雜家類，後來的新舊《唐書》、《宋史》、《文獻通考》也依循前例，歸入雜家。不過綜觀《傅子》

〔註7〕 目前學界所關注到的似乎只是作爲對兩漢思想的「反動」的玄學，而未有較爲清晰「思想史內在理路」的解釋。內在理路的解釋有二：其一是如何解釋兩漢、魏晉思想之所以有「斷裂」式的發展；其二是延續著漢末思潮，又如何解釋突然「模糊」式的魏晉儒家思想。對於其中所涉及的問題，可參見謝大寧〈試論玄學的分期問題〉，收入《含章光化：戴璉璋先生七秩哲誕論文集》（臺北：里仁，2002 年），頁 285～325。

〔註8〕 對於《傅子》一書著述版本的問題，《傅玄評傳》以及《〈傅子〉探賾》已有詳盡的考察與比較，茲不贅述。參見魏明安、趙以武：《傅玄評傳》（南京：南京大學出版社，1996 年 3 月）；張蓓蓓：〈《傅子》探賾〉，《台大中文學報》第 12 期（2000 年 5 月），頁 79~124。由以上二文可知，嚴可均所蒐輯的《傅子》版本穩妥且完整，故本論文以嚴可均《全晉文》版本爲引本（北京：中華書局，1958 年，《全上古三代秦漢三國六朝文》內）。

〔註9〕 《景印文淵閣四庫全書》子部《儒家類二》，台灣商務印書館，1983 年，頁504。

論述，傅玄大談仁義道德、禮樂教化，尤其又對禮學有所專長，究其歸旨應屬儒家無疑。評其流派爲雜家，或許是看到了《傅子》一書裡，有兼容各家思想的傾向，但我們也可以說這是儒學在玄學興盛的時空背景下，自我因應、自我改革的能力。因此，採《四庫全書》的分類，將《傅子》歸於子部儒家類：

> 獨玄此書所論，皆關切治道，闡啓儒風，精意名言，往往而在，以視《論衡》、《昌言》皆當遜之。殘編斷簡，收拾於闕佚之餘者，尚得以考見其什一，是亦可爲寶貴也。〔註10〕

《四庫全書》對《傅子》一書評價很高，認爲此書「闡啓儒風，精意名言」，《論衡》、《昌言》的地位都不如它，可以知道在當時虛無之風的學術風氣下，傅玄站在儒家立場，能傳承延續儒學，著實意義重大。在現代，對於傅玄思想的研究也越來越多，只不過大多是在辨明其學術流派以及其著述內容的考察，如魏明安、趙以武的《傅玄評傳》、張蓓蓓的〈《傅子》探賾〉；或者著重在政治、經濟、歷史思想上的分析，如鄭順聰《傅玄思想研究》〔註11〕；還有著重在傅玄反玄思想的莊耀郎、陳慧玲〔註12〕。其中較少有針對傅玄儒家思想的部分來做研究。而較值得注意的是謝綉治的〈傅玄的儒家思想發微〉以及林郁迢的〈略論魏晉荀學之發展〉〔註13〕。謝綉治整理了傅玄屬於儒學性格的部分，並概要指出其呼應先秦儒學的地方；林郁迢則更進一步指出傅玄的儒家思想其實就是荀學。林郁迢說：「但取《傅子》稍作考察，即可發現其思想主要繼承儒家的荀學系統。」〔註14〕而我們也可以說，若證成了傅玄的荀學思想，也就更證實了傅玄爲儒家的分類方式。至於在儒家思想的研究上，對於分判孟、荀，是有其意義與價值的。眾所周知，儒家思想以孔子爲宗，爾後分判爲孟、荀兩大思想義理典範，孟子提出人有善端，力暢性善論的宇宙感通；荀子則以誠樸理智爲原則，重視「禮」的統類建構。大略分之即孟子採「由內聖開出外王」的思維模式；而荀子乃是「在外王中成就內聖」

〔註10〕《景印文淵閣四庫全書》子部《儒家類二》，頁 505。
〔註11〕鄭順聰《傅玄思想研究》，師大中文碩士論文，2001 年。
〔註12〕莊耀郎：〈魏晉反玄思想析論〉，《國文學報》第 24 期（1995 年 6 月）；陳慧玲：〈傅玄與反玄思想的萌發〉，《黎明學報》第 13 卷第 1 期（1999 年 11 月）。
〔註13〕謝綉治的〈傅玄的儒家思想發微〉，《國文學報》第 2 期（2005 年 6 月）；林郁迢：〈略論魏晉荀學之發展〉，《漢學研究集刊》第 9 期（2009 年 12 月）。
〔註14〕林郁迢：〈略論魏晉荀學之發展〉，《漢學研究集刊》第 9 期（2009 年 12 月），頁 94。

〔註 15〕。職是之故，在探討儒家思想時，若能辨明孟、荀兩種不同類型的義理模式，實有助於對儒學脈絡的釐清與定位。

那麼綜上所述，以正始時期的傅玄爲例，期能在反玄思想家的立場外，別開一屬於傅玄思想的內涵與價值，此一獨立且自成體系的學說，便是本文想要考察探賾的。承續著林郁迢的研究進路，希望能對《傅子》作一更深入而細密的考察，以求對傅玄的儒家思想有更確切的釐清。這樣的研究有幾個目的與效果：其一，對於傅玄的儒家思想有更深一層的認識，並由論證他的荀學性格反過來證成其爲儒家思想無誤；其二，揭櫫退居於玄學之後的魏晉儒家思想一隅；其三，稍稍補足儒家思想史、荀學思想史圖像的可能。

貳、天道與人道：天生人成、合中有分〔註16〕的天人關係論

從宇宙的問題來思考生命的起點與終點，「天」與「人」可說是中國傳統哲學的核心範疇，而「天人關係」則是中國文化中表現的一個基本思想模式，並奠基於此發展出不同的宇宙人生的認識。注重治國安民的傅玄，在天道層面論述雖然不多，但也可以由此看出他跟荀學一脈有相同的天人關係理路。傅玄說：

> 善爲政者，天地不能害也，而況於人乎？堯水湯旱，而人無菜色，猶太平也，不亦美乎？晉飢吳儉，而爲秦越瘠，人且害之，而況於天地乎！（《傅子·問政》）〔註17〕

如果人能善盡人事，那麼就算天會降下旱、水災，也不會成爲災禍；反之若人不克盡職責，天無須降下禍端，人事也會不得安寧。「天地不能害」的觀點的確有自然天的意謂，說明天道與人道的互不干涉，各有其分，此亦如同荀子所說：「天行有常，不爲堯存，不爲桀亡。應之以治則吉，應之以亂則凶。

〔註 15〕 參見蔣年豐：〈從思孟後學與荀子對「內聖外王」的詮釋論形氣的角色與義涵〉，收入楊儒賓主編：《中國古代思想中的氣論及身體觀》（臺北：巨流，1993 年），頁 381～382。

〔註 16〕 「合中有分」是劉又銘對於荀學一系天人關係思路的定義。「所謂『天、人合中有分』，指的是天、人之間彼此互有差異但又彼此相關相通相銜接相連續，構成一個整體的型態。」見劉又銘：〈合中有分──荀子、董仲舒天人關係論新詮〉，《台北大學中文學報》（2007 年 3 月），頁 27～50。

〔註 17〕 《傅子·問政》，收於嚴可均編：《全晉文》卷四十八（北京：中華書局，1958 年），頁 1735。

彊本而節用，則天不能貧；養備而動時，則天不能病。」〔註18〕荀子認為「天」是「自然」的，它沒有意志能降禍福，而禍福皆是操之於人為，所以說「強本而節用，則天不能貧；養備而動時，則天不能病」。在傅玄、荀子的天論裡，看不到強而有力干預人事的天，也看不到以道德定義下貫至人的天心，這種天道觀的確比較傾向一個自然義的天，然而奠基於此之上的天人論述，卻也不能解釋為一個客觀而外在的天論或將天與人切斷往來的天人關係論。〔註19〕傅玄說：

> 蓋天地著信，而四時不悖；日月著信，而昏明有常。〔註20〕

> 天為有形之主，君為有國之主。天以春生，猶君之有仁令也；天以秋殺，猶君之有威令也。〔註21〕

傅玄以為天地有其自然的規律，四季循環、日夜有常，並以天之四時的循環相應於人事的仁令與威令，頗有天人相應的意味。說「天為有形之主」，似乎是以天是宇宙萬物的主宰，然而「天為有形之主」的解釋，應該是把天看作是宇宙的生成源頭，而非用意在宰制的層面上，因為他相當程度地重視人為的努力，即前所述「善為政者，天地不能害也」。傅玄主張的天，雖能看作是「自然」天，但也絕不是與人道相分的屬於二元對立（主客相分）的自然天〔註22〕，所以傅玄特別強調天道的「著信」（「天地著信」、「日月著信」）——是存有的規律，恰當的、確實的誠實不欺於天地萬物的，那麼我們可以說，傅玄的天其實也提供了一份對萬物穩定的保障和支持。如此便相通於荀子所說的「萬物各得其和以生，各得其養以成……皆知其所以成，莫知其無形，夫是之謂天功」〔註23〕，皆知其所生成的萬物，卻不知道它在生成萬物中的沒有

〔註18〕 北大哲學系注釋：《荀子新注》（北京：中華書局，1979年），〈天論〉，頁323。本文《荀子》原文皆據此版本，以下各引文僅注頁數，不再列出詳細出處。

〔註19〕 謝綉治在論及傅玄天道觀的時候，認為傅玄的天是一種客觀的存在，所以切斷人與天的交通往來。見謝綉治：〈傅玄的儒家思想發微〉，《國文學報》第2期（2005年6月），頁254。

〔註20〕 傅玄：《傅子·義信》，收於嚴可均編：《全晉文》卷四十七（北京：中華書局，1958年），頁1730。

〔註21〕 《傅子·補遺上》，收於嚴可均編：《全晉文》卷四十九（北京：中華書局，1958年），頁1737。

〔註22〕 此處所說的自然，當然也不是道家意義下的自然天。莊子提醒人們「無以人滅天」（《莊子·秋水》），主張以守真的心，順應自然之道，如此方是道家理想的天人關係。

〔註23〕 《荀子·天論》，頁325。

形跡的生成過程，不就正是天對人們的一種支持與保障嗎？於是，天人互不干涉的「四時不悖、昏明有常」，如荀子、傅玄論述天人各有其分的語境底下，則是「反而又從另一個側面說明了：在天的覆蔭下，人的行動有其可以信賴的常軌、準則。」〔註24〕

順此脈絡，荀子論述得更為細膩，他說：「天職既立，天功既成，形具而神生，好惡、喜怒、哀樂臧焉，夫是之謂天情；耳、目、鼻、口、形，能各有接而不相能也，夫是之謂天官；心居中虛，以治五官，夫是之謂天君；財非其類以養其類，夫是之謂天養；順其類者謂之福，逆其類者謂之禍，夫是之謂天政。」〔註25〕荀子所說的天情、天官、天君、天養、天政，人的五官與心是上天的自然賦予，故稱天官、天君；喜怒哀樂是自然素質，故稱天情；自然界提供物質生活資料謂之天養；不能違背自然規律，是以謂之天政。而人的主體價值意義便表現在「清其天君，正其天官，備其天養，順其天政，養其天情」，如此才能「全其天功」。也就是說人必然是與自然（天）有所聯結，脫離了自然，也就遑論人成的部份。惠吉星說：「只有將人類置於宇宙自然這一舞台上，才能充分展現人的主體地位和能動作用」〔註26〕，這點洞察，也早在唐代楊倞注《荀子》時就體認道：「言人之身，亦天職，天功所成立也」〔註27〕。也就是說，荀學一路的天道、人道觀，實質上是奠基於天道上才能成就的人之道，是要藉著「天」這樣的平台去凸顯出人為的努力與價值的，也就是「天生人成」的意義。所以，傅玄同樣闡發：

> 蓋天地著信，而四時不悖；日月著信，而昏明有常；王者體信，而萬國以安；諸侯秉信，而境內以和；君子履信，而厥身以立。……夫象天則地，履信思順，以壹天下，此王者之信也。……言出乎口，結乎心，守以不移，以立其身，此君子之信也。講信修義，而人道定矣。（《傅子・義信》）〔註28〕
>
> 天地成歲也，先春而後秋；人君之治也，先禮而後刑。（《傅子・法

〔註24〕劉又銘：〈合中有分——荀子、董仲舒天人關係論新詮〉，《台北大學中文學報》（2007年3月），頁35。

〔註25〕《荀子・天論》，頁326。

〔註26〕惠吉星，《荀子與中國文化》（貴州：貴州人民出版社，1996年），頁81。

〔註27〕楊倞注，見王先謙：《荀子集解》（台北：中華書局），下冊，頁310。

〔註28〕《傅子・義信》，收於嚴可均編：《全晉文》卷四十七（北京：中華書局，1958年），頁1730。

刑》）〔註 29〕

天以恆常的規律進行宇宙生化的功能，在人事中也如同天道的運行一樣，聖王、君子應當深察自身與天相同的道理，使自己能符合四時有條不紊的運行軌跡，也就是符合「信」，這便是要人以人之「信」去呼應天之「信」，而在政治上使用禮的德化也應先於刑罰，因為天地之道也是先春而後秋的。傅玄這樣的論述，有董仲舒以陰陽論天、人之道的影子：

> 故為人主之道，莫明於在身之與天同者而用之，使喜怒哀樂必當義而出，如寒暑之必當其實乃發也，使德之厚於刑也，如陽之多於陰也。是故天之行陰氣也，少取以成秋，其餘以歸之冬；聖人之行陰氣也，少取以立嚴，其餘以歸之喪，喪亦人之冬氣。（《春秋繁露·陰陽義》）〔註 30〕

董仲舒提出天人之間天人相副、同類相動，而以陰陽之氣為天人感應的進路，其目的是要使人道合於天道，與天同者，不過董仲舒強還特別強調作為天之數十端之一的「人」：「唯人獨能偶天地」、「天地之精所以生物者，莫貴於人」〔註 31〕、「人生於天而取化於天」〔註 32〕，並且說「察天、人之分，觀道、命之異，可以知禮之說矣。」〔註 33〕可以知道董仲舒的天人關係裡，在凸顯人的意義下，似乎也順理證成了「天人相分」的主張，只不過大家都只看到他天人感應、天人相副的「合」，而削弱了天人有「分」的基礎理解〔註 34〕。就這個層面來說，傅玄與董仲舒的天人關係的確有著相通的理路，然而儘管如此，相較於董仲舒提出較多的天人關係相合的地方，傅玄則更側重在天人之間各有其「分」的意義。傅玄闡明：

〔註 29〕《傅子·法刑》，收於嚴可均編：《全晉文》卷四十七（北京：中華書局，1958年），頁 1730。

〔註 30〕 蘇輿撰、鍾哲點校：《春秋繁露義證》（北京：中華書局，1992 年），〈陰陽義〉，頁 341～342。本文《春秋繁露》原文皆據此版本，以下各引文僅注頁數，不再列出詳細出處。

〔註 31〕《春秋繁露·人副天數》，頁 354。

〔註 32〕《春秋繁露·王道通》，頁 330。

〔註 33〕《春秋繁露·天道施》，頁 472。

〔註 34〕董仲舒的天雖帶有人格神的色彩，但究其理路，可以說是氣本論視野下的天人感應說。參見拙著《荀子、董仲舒、戴震氣論研究》之第三章〈董仲舒的氣論〉，（台北：國立政治大學中國文學研究所碩士論文，2006）。另外，王俊彥認為「董仲舒乃人格神之氣化論」，見氏著：《王廷相與明代氣學》（台北：秀威資訊科技，2005 年），頁 19。

> 天地至神，不能同道而生萬物；聖人至明，不能一檢而治百姓。故
> 以異致同者，天地之道也；因物制宜者，聖人之治也。（《傅子·假
> 言》）〔註35〕

傅玄認為天地造化的神功，不能用相同的模式去成就萬物，而同樣的，聖人治理國家也不可能用單一的方法去治理百姓。「以異治同」是天之道；「因物制宜」是人之道。傅玄這樣的理路，其實就是正視了天地萬物各有其「分」的價值，在這一點上，的確是跟荀子很接近了。荀子「明於天人之分」就是要人們把握人應為人份事理的現實，因此說「清天君，正天官，備天養，順天政，養天情」。由上述可知，傅玄與荀子都是非常重視人的能動主體性的，在「明分」的細密邏輯分析下，天、人之間有不同職分的分別，以及還有人與人類社會的分類分工，因此荀子有「農夫眾庶」、「將率」與「聖君賢相」之事，傅玄也有「官人」、「舉賢」、「商賈」、「爵祿」、「賦役」之事。這便可以說明，傅玄同荀子一樣重視實際人生的實用性格，甚至比荀子更加實際。

綜上所述，我們可以知道，天行有常提供了人之道穩固的保障，而人們是奠基在此之上成就人道之極的意義的，也就是「天生人成」；或許我們也可以說「天」是由「人」來認識，而「人」之主體是透過認識「天」來建構自我存在的意義與價值的。這就是：「天、人之間彼此互有差異但又彼此相關相通相銜接相連續，構成一個整體的型態。」〔註36〕在天人相分的意義上還有天人合一的聯繫，因此荀子會提出「誠」、傅玄提出「信」的作用。

> 君子養心莫善於誠，致誠則無它事矣。唯仁之為守，唯義之為行。
> 誠心守仁則形，形則神，神則能化矣；誠心行義則理，理則明，明
> 則能變矣。變化代興，謂之天德。……天地為大矣，不誠則不能化
> 萬物；聖人為知矣，不誠則不能化萬民……夫誠者，君子之所守也，
> 而政事之本也。（《荀子·不苟》）〔註37〕

> 蓋天地著信，而四時不悖；日月著信，而昏明有常；王者體信，而
> 萬國以安；諸侯秉信，而境內以和；君子履信，而厥身以立。……

〔註35〕 《傅子·假言》，收於嚴可均編：《全晉文》卷四十八（北京：中華書局，1958年），頁1736。
〔註36〕 劉又銘：〈合中有分──荀子、董仲舒天人關係論新詮〉，《台北大學中文學報》（2007年3月），頁32。
〔註37〕 《荀子·不苟》，頁37～38。

　　講信修義，而人道定矣。(《傅子‧義信》)〔註38〕

「養心莫善於誠」，是就道德修養功夫而言的，與《大學》的「誠」意相通〔註39〕，以誠養心，用仁義去貫徹它保守它，如此便能改其惡而遷於善，達到「化」的功效。而「誠」不只就人道而言，天道亦如是：由「誠」使天地運行規律有常；由「誠」使人堅守道德規範；由「誠」而通向美善的道德政治，如此「化萬物」、「化萬民」。然而須注意到的是，這種「化」的作用沒有刻意造作，也沒有扭曲勉強，完全是順遂無憾的，就像天道生息化育萬物那樣，人們也同樣地以此修養，所以稱之為「天德」。那麼我們可以說，「誠」也就是天人合一的內在依據了。簡言之，荀子的「誠」有宇宙論的化育萬物，有統治者的變化代興，還有君子的養心修養功夫論，是「參天地」的精神實踐。

　　傅玄雖不言「誠」，但他的「信」也有類似的意義。在傅玄的「義信」論述中，特別強調「信」〔註40〕，天地四時之所以永常不變，是「至信」的緣故，而聖王、君子也應有至信之德以化育萬民，以「信」作為天人之間的聯繫，實則隱含有整個宇宙萬物、人事規範的內在律則，「天道著信明矣」，那麼人道便是「信」的追求者，天人之間相互呼應、成就，而宇宙規律、社會規範以及人的道德境界、終極關懷其實都是這一整體的共通型態，如是，我們可以說，人們在道德實踐的活動上，其實就是回應了天道，這就是天人合一的境界——參贊天地之中的化育之理，以達到最後的天人合一。

　　綜上所述，可以知道傅玄的天人關係理論，是以「合」為前提、歸宿，以「分」為必要認識的實踐理路，在「合」的奠基之上明言「分」的必要，又在「分」的實踐上，強調以「合」為終極關懷。這種「合中有分」的存在關係，是從本體論的層面去談論，而從實踐層面也會去呼應、應證這個存在關係的〔註41〕。可以說，荀學一脈天人關係的積極意義是天生人成：「天生之、

〔註38〕《傅子‧義信》，收於嚴可均編：《全晉文》卷四十七（北京：中華書局，1958年），頁1730。

〔註39〕張岱年：「所謂誠意即貫徹善良意志，使自己的意志無惡，好善而惡不善。」參見張岱年：《中國倫理思想研究》（南京：江蘇教育出版社，2005年），頁158。

〔註40〕「傅玄討論問題，多涉君臣民關係，關乎治亂興衰之知道，不應忽略『忠』『義』之理，不見『忠』『義』之理，而以『信』取而代之，大論特論，其中另有原因。」參見：魏明安、趙以武《傅玄評傳》（南京：南京大學出版社，1996年），頁151。

〔註41〕劉又銘：「所謂『天人關係』，基本上指的是『存在關係』，也就是從本體論層

地養之、人成之」；相較於孟學「盡心知性知天」、「上下與天地同流」、「萬物皆備於我」，由心性理路證成一貫圓滿的，由己心出發的「天人本是一」的天人關係論，其實是大不相同的。那麼我們可以得到一個結論：傅玄有「天人之分」的一面，也有「天人合一」的一面，而這種「合中有分」的天人關係型態，其實就是荀學一脈的主張，這是儒家傳統「天人合一」中，另一種較為客觀、注重實際人生的天人關係論述。

參、性論與心論：有善可因、正心修身的弱性善觀 [註42]

謝綉治認為傅玄對於人性的主張，既非孟子的性善論，也不是荀子的性惡論，而是兩者的綜合。[註43] 然而本文以為傅玄的人性論，是屬於荀學一路的。傅玄說：

> 人之性如水焉，置之圓則圓，置之方則方，澄之則淳而清，動之則流而濁。先王知中流之易擾亂，故隨而教之，謂其偏好者，故立一定之法。（《傅子·補遺上》）[註44]

> 人之性，避害從利，故利出於禮讓，即修禮讓；利出於力爭。則任力爭。修禮讓，則上安下順而無侵奪；任力爭，則父子幾乎相危，而況於悠悠者乎！（《傅子·貴教》）[註45]

傅玄以水譬喻人性，認為置之圓、方、澄、動，就會圓、方、淳清、流濁。對傅玄而言，人之「性」會因擺放環境的不同而有所改變，所以人之性不是先驗存在的「人性本善」[註46]，這種說法有點類似告子的人性論，不過告

面來談的關係。當然，這個本體論層面的『存在關係』，又必定會因實踐層面的表現而得到印證、確認。」劉又銘：〈合中有分──荀子、董仲舒天人關係論新詮〉，《台北大學中文學報》（2007 年 3 月），頁 32。

[註42] 「弱性善觀」、「人性向善論」的觀點是由劉又銘提出的。「荀子的人性論表面上是性惡論，但它實質上卻是孟子性善論之外另一種型態的儒家性善論，可以稱作『弱性善觀』（相對於孟子的『強性善觀』）或『人性向善論』（相對於孟子的『人性本善論』）。」參見：劉又銘〈論荀子的哲學典範及其流變〉，《漢學研究集刊》第三期（2006 年 12 月），頁 38。

[註43] 謝綉治：〈傅玄的儒家思想發微〉，《國文學報》第 2 期（2005 年 6 月），頁 255。

[註44] 《傅子·補遺上》，收於嚴可均《全晉文》卷四十九（北京：中華書局，1958 年），頁 1737～1738。

[註45] 《傅子·貴教》，收於嚴可均《全晉文》卷四十八（北京：中華書局，1958 年），頁 1732。

[註46] 這裡是指孟子的性善論，雖然孟子不否認若就事實或結果而言，的確存在善與不善的狀況，但這都不是先天善的本質的錯，而是後天修養工夫的問題。

子的人性論是著眼於生命經驗的事實，以為「性無善無不善」，故不能以道德的善或不善來看待，也就表示，告子的人性論不存在善、惡範疇的問題，由此觀之，告子的人性論確與傅玄不同。因為傅玄所謂的性雖是自然之性，但卻是「可善可惡」（能善能惡）之性，這點從傅玄所提倡的「修禮讓」便可知道。那麼，傅玄的人性論其實是跟荀子相似的。荀子說：「禮義者，……人之所學而能，所事而成者也。不可學、不可事而在人（天）者，謂之性；可學而能、可事而成之在人者，謂之偽，是性、偽之分也。」〔註47〕荀子用眼睛之於視覺、耳朵之於聽覺，來印證性是不必學就有的，所以性是生而本有的，屬於自然生成，「不可學，不可事」；反觀偽則是「可學而能，可事而成」，必須經過人為的努力才能達到。「不事而自然謂之性」、「性者，本始材朴也；偽者，文理隆盛也。」也就是說，荀子區分「性」、「偽」兩種概念，目的是強調「性」是與生俱來、生而自有的，當然也包括欲情在內，這是「自然義」的性，沒有所謂善與不善的問題的；而「偽」則是指人在生理本能以外，還有一種後天人為的努力、活動結果，所產生的善，這是「價值義」的性。

　　另外，傅玄以為人之性確實是有趨「利」的特質，倘若人們放任這個力量，「任力爭」之後就會導致惡的結果，也就是說，自然人性生而有好利的本質（就自然義的人性上，不能直接稱為「惡」），但當人們順性過度、無所節制的時候，便會流於「惡」了，這跟荀子「性惡」的說法幾乎如出一轍，荀子說：「今人之性，生而有好利焉，順是，故爭奪生而辭讓亡焉；生而有疾惡焉，順是，故殘賊生而忠信亡焉；生而有耳目之欲，有好聲色焉，順是，故淫亂生而禮義文理亡焉。」〔註48〕傅玄與荀子相同，雖然有以自然稟受、生之自然的內容來定義人之性，但也都正視到若放任、順勢人性中的「欲情」，使之歪斜沒有節度，就會導致「惡」，這是他們「性惡」的主張。不過，值得辨明的是，荀子雖然有「性惡」的主張，卻不表示荀子沒有肯定人性有向善的可能與傾向，荀子說：「涂之人也，皆有可以知仁義法正之質，皆有可以能仁義法正之具」〔註49〕，人性中具備「能仁義法正」的才質與條件，所以可以實行仁義法正。也就是說，人性雖然有必不可免的「欲情」，但人性卻「有

　　　　這是孟子就先驗層次去談的性善論。
〔註47〕《荀子·性惡》，頁467。
〔註48〕《荀子·性惡》，頁465～466。
〔註49〕《荀子·性惡》，頁476。

善可因，有惡可改」，這就是傅玄所說的：

> 木至勁也，可柔而屈。石至堅也，可消而用。況人含五常之性，有
> 善可因，有惡可改者乎！（《傅子・貴教》）〔註50〕

> 修禮讓，則上安下順而無侵奪；任力爭，則父子幾乎相危，而況於
> 悠悠者乎！（《傅子・貴教》）〔註51〕

> 先王知中流之易擾亂，故隨而教之，謂其偏好者，故立一定之法。（《傅
> 子・補遺上》）〔註52〕

如此說明了只要能夠引導和教化，人性是可以成善的。在主張人之性「避害
從利」的前提下，突顯了人們實踐道德工夫的重要性，也就是「修禮讓」。對
於傅玄與荀子來說，「性惡」的概念，是當性沒有「度量分界」、「順是無節」
的時候，才是「性惡」的，而如何脫離性趨向惡的結果，就必須接受「禮義」
之導。也就是說對於性的引導，必須符合禮義之道，這樣才是善的範疇。綜
上所述，我們可以知道，傅玄的「性」猶如水之自然，著重在教化、立一定
之法上，透過實踐禮義的規範來引導、塑造人性為善，不過人在實踐道德的
意義上，除了遵循外在規範之外，也應該有道德實踐的主觀依據，否則，人
們不會去履行禮義、實踐禮義。而這個實踐道德的主觀依據，便落到了「心」
上，傅玄說：

> 心者，神明之主，萬物之統也。動而不失正，天地可感，而況於人
> 乎？況於萬物乎？（《傅子・正心》）〔註53〕

《傅子・正心》對於「正心」的闡發頗有《荀子・解蔽》的意味〔註54〕。傅
玄強調心的主宰地位，並且倚賴心去思慮，以求知道禮義、實踐禮義，這就
是立德之本。

〔註50〕《傅子・貴教》，收於嚴可均編：《全晉文》卷四十八（北京：中華書局，1958
年），頁1732。

〔註51〕《傅子・貴教》，收於嚴可均編：《全晉文》卷四十八（北京：中華書局，1958
年），頁1732。

〔註52〕《傅子・補遺上》，收於嚴可均編：《全晉文》卷四十九（北京：中華書局，
1958年），頁1737。

〔註53〕《傅子・正心》，收於嚴可均編：《全晉文》卷四十八（北京：中華書局，1958
年），頁1733。

〔註54〕林郁迢：〈略論魏晉荀學之發展〉，《漢學研究集刊》第9期（2009年12月），
頁96。

　　荀子也認為「心」是「形之君也，神明之主」〔註 55〕並且「情然而心為之擇謂之慮，心慮而能為之動謂之偽」〔註 56〕。須注意到的是「心」在荀子的詮釋中，有兩種面向。一是緣性而起：如「今人之性，生而有好利焉」、「目好色，耳好聲，口好味，心好利」〔註57〕；一是在道德實踐的活動中，「慮積焉，能習焉而後成謂之偽」〔註58〕、「心居中虛，以治五官」〔註59〕。這兩個不同的面向，透露出荀子心性論的特色，即「生而有」以及「實踐功夫」的兩種層次。而這兩種層次恰恰可以說明屬於荀學一系的「弱性善觀」，即「性惡論」中實淺藏有一「性善觀」：不主張人性中有本然、先驗、全然的善，但在「性」中的確蘊含了善的發展與可能。傅玄一方面「人之性如水焉」，一方面又強調「心者，神明之主，萬物之統也。」正是荀學理路的表現。傅玄雖然沒有明確表達出心有「知」的功能，但從行文的文意看來，的確是有「心知」的意味。以荀子的理路發展，心屬生而有的本始材樸，那麼一旦放任而無所節制的話就會流於惡，所以心同樣的也會因天生的某種生理傾向而導致「心好利」的問題，故此時，心同於性惡之性是無法認知、思慮禮義以成就偽的。性不知禮義，但「心慮而能為之動謂之偽」，也就是說當心發動知、慮禮義的功能的時候，心就可以有化性起偽的能力，但這個前提必須是能夠合於道的心，是一解蔽的大清明心才行，此即「人何以知道？曰心。心何以知道？曰：虛壹而靜。」〔註 60〕心知道禮義，本虛壹而靜工夫的結果，故在道德實踐的過程中，心「能知」禮義。那麼其實傅玄同荀子一樣，一方面肯定客觀禮義師法的重要性，另一方面也強調在繼承、蹈循禮的過程中，人的主體能動的價值意義。人們透過思慮選擇、判斷，使自己的行為符合禮義，期許自己人格臻於聖人的理想境域；並同時又在實踐的活動過程中隨時地、不斷地參照禮義，使我們的心能認知、肯認禮義。

　　傅玄又說：

　　　　立德之本，莫尚乎正心。心正而後身正，身正而後左右正。左右正
　　　　而後朝廷正，朝廷正而後國家正，國家正而後天下正。故天下不正，

〔註55〕《荀子・解蔽》，頁 422。
〔註56〕《荀子・正名》，頁 438。
〔註57〕《荀子・性惡》，頁 465、470。
〔註58〕《荀子・正名》，頁 438。
〔註59〕《荀子・天論》，頁 326。
〔註60〕《荀子・解蔽》，頁 420。

修之國家；國家不正，修之朝廷；朝廷不正，修之左右；左右不正，

修之身；身不正，修之心。所修彌近，而所濟彌遠。禹湯罪己其興

也勃焉，正心之謂也。(《傅子‧正心》) 〔註61〕

傅玄由心正而身正、家正、國家正、天下正的主張，實與〈大學〉的八條目

相同，而「正心」可謂是〈大學〉的核心理念之一。據劉又銘先生的研究，《禮

記‧大學》極有可能是荀子思想一系的論著〔註62〕，「基本上，〈大學〉並不

是宋明理學主流觀點那種內聖優位或者說以內聖決定外王的型態。它一開始

就以家國天下現實情況的「止於至善」也就是外王實踐的目標來帶出內聖的

實踐，這是不諱言外王，直接在外王的脈絡中做內聖工夫的型態。」〔註63〕

以家國天下實現為目標，做外王實踐的理路型態，不啻間接印證了傅玄喜談

禮教治國、富國安民的思想性格嗎？那麼我們也可以以此證明傅玄的「正心」

的確與荀學有著內在理路上的聯繫。

　　傅玄的「性」，是從自然稟受、天之就也來定義，可見傅玄的人性論，雖

然不直接以氣這個名詞來對性作界定，但事實上，傅玄卻正是以氣的概念對

性作詮釋的。這種生之自然的意義，同於荀子，而在董仲舒那裡，也看的到，

董仲舒說：「性之名非生與？如其生於自然之資，謂之性。」〔註64〕董仲舒的

說法跟荀子幾乎如出一轍，只是董仲舒還更進一步地以陰陽二氣來論人性的

基本意涵：「天兩有陰陽之施，身亦兩有貪仁之性。天有陰陽禁，身有情欲桎，

與天道一也。」〔註65〕另外，像戴震也說的很清楚：「性者，分於陰陽五行以

為血氣、心知、品物，區以別焉」。〔註66〕這種「把『氣』置於宇宙所有存在

的根柢上，因而尊重活動和生命（換句話說，是自然）」〔註67〕，就是荀學一

系論心、性的初衷與特色。因此，荀學性格者總會對人生而本有的欲、情多

〔註61〕 《傅子‧正心》，收於嚴可均編：《全晉文》卷四十八（北京：中華書局，1958
　　　　年），頁1733。

〔註62〕 參見劉又銘：《大學思想論證》（台北：政治大學中國文學研究所博士論文，
　　　　1992年）。

〔註63〕 劉又銘：〈大學思想的歷史變遷〉，收入於《東亞儒學經典詮釋史的四書學》，
　　　　頁13。

〔註64〕 《春秋繁露‧深察名號》，頁291。

〔註65〕 《春秋繁露‧深察名號》，頁296。

〔註66〕 《孟子字義疏證》（北京：中華書局，1961年）〈性〉，頁25。

〔註67〕 小野澤精一、福光永司、山井湧編著，李慶譯：《氣的思想——中國自然觀和
　　　　人的觀念的發展》（上海：上海人民出版社，1992年），頁454。

一份包容與關懷。傅玄說：

> 貴其所尚，故禮讓興；抑其所貪，故廉恥存。夫榮利者，可抑而不
> 可絕也。(《傅子‧戒言》) 〔註68〕

> 昔者聖人之崇仁也，將以興天下之利也。利或不興，須仁以濟天下。
> (《傅子‧仁論》) 〔註69〕

傅玄論仁時總會結合著利來說明，仁與利之間非但不是對揚，還可以是互為
運用的精神底蘊，就這點跟孟子來說，便是大相逕庭。傅玄將仁義與利作結
合，可以看出他重視現實的傾向，也因此，在人性論上，也可以正面看待人
性中對於「榮利」的趨向。傅玄關懷人性，對人性有一分同情的理解、現實
的包容，所以他會說：「夫榮利者，可抑而不可絕也。」而這也是荀學一貫的
主張，荀子就說過「雖堯舜不能去民之欲利」〔註70〕；董仲舒則說：「性情相
與為一暝」〔註71〕、「明於情性乃可論為政」〔註72〕；戴震更是闡明：「理也
者，情之不爽失也；未有情不得而理得者也。」〔註73〕不過，他們對欲情、
榮利的認同，並不代表就是對欲情、榮利的放縱蕩越，相反的，更因為知道
自己的「心性」是一種有限度的、弱性善的的人性論，需靠外在的禮義與內
在所潛存的善性，逐步調整逐步累積以求「積善成德」的類型（相對於孟學
心性那種的現成的、飽滿的、先驗的性善），因此對於個人自身的道德認取、
達到道德境域便會更小心翼翼、嚴格謹慎。誠如王汎森所說：

> 過去是只將七情六欲及所有後天的東西消除淨盡變保證自己可以成
> 德，但新的嚴格主義既認為欲亦理中所當有，氣質不可不謂性，所
> 以道德修養工夫是礦中取金、米中挑鹽的工作，必須非常戒慎小心
> 才可能做好。故由一靜坐便無餘事的成德觀念變成在行動的實踐中
> 才能成德的觀念。〔註74〕

〔註68〕 《傅子‧戒言》，收於嚴可均編：《全晉文》卷四十八（北京：中華書局，1958
年），頁 1732～1733。

〔註69〕 《傅子‧仁論》，收於嚴可均編：《全晉文》卷四十七（北京：中華書局，1958
年），頁 1729。

〔註70〕 《荀子‧大略》，頁 541。

〔註71〕 《春秋繁露‧深察名號》，頁 298。

〔註72〕 《春秋繁露‧正貫》，頁 144。

〔註73〕 《孟子字義疏證‧理》，頁 1。

〔註74〕 王汎森〈明末清初的一種道德嚴格主義〉，郝延平、魏秀鳳主編：《近世中國
之傳統與蛻變》（台北：中央研究院近代史研究所，1998 年），頁 74。

這種道德價值（內在心性並無一先驗的、價值完滿的道德實體）的倫理，在
積極義上，就是對自我踐履道德時的實事求是，步步精進；而在另一面的消
極義上，也由於認識到道德圓滿的難以達成，因此對他人總不致責人太甚。
以「弱性善觀」定義荀學一路的人性論，可以看出他們對於人性在實際層面
上的認識，不會罔顧眞實生命裡「欲、情」的存在，但又不會只是耽溺在自
我的「欲情」上，而是將生而本有的「欲情」調節到一個適當的位置（人內
在欲情的恰到好處），可以說是將生命本質的存在與禮義之間作一調合。而也
正是因爲照顧到了人生而本有的性情，所以沒有什麼勉強與扭曲，反而是順
遂無憾的〔註 75〕。不過因爲是「弱性善」的緣故，道德實踐的過程可能很緩
慢或一直不斷的在行動實踐中要適應調整──必須「斷之繼之，博之淺之，
益之損之，類之盡之，盛之美之」，才能達到「本末終始，莫不順比」的「禮」
〔註 76〕。不過我們也可以說，這種照顧到人性，對人性有一份同情的理解，
並在「化」而爲善的過程中不斷勇敢實踐的，也正是荀學一系在人性論上所
透顯出的意義價值啊。

肆、禮法思想：以禮爲本，先禮而後刑的禮法相濟說

　　如前所論，荀學的天人關係是「天生人成」，而在此脈絡發展下，人除了
對自然盡其美、致其用的意義之外，更還有社會秩序的人文化成、和諧統一，
惠吉星就說到：「人的存在具有兩重性：一方面是原始的存在；另一方面是『被
創造的存在』即社會的存在」〔註 77〕。因此當肯定社會存在的時候，禮義道
德勢必也就是人類自然發展的需要與結果了，而在此基礎上，奠定人「最爲
天下貴」的特殊地位，便是由禮義所展開的道德教化。傅玄對禮論多有闡發，
他說：

> 能以禮教興天下者，其知大本之所立乎！夫大本者，與天地並存，
> 與人道俱設，雖蔽天地，不可以質文損益變也。大本有三，一曰君
> 臣，以立邦國；二曰父子，以定家室；三曰夫婦，以別內外。三本
> 者立，則天下正；三本不立，則天下不可得而正。天下不可得而正，

〔註 75〕 所以荀子講「天德」，傅玄講「天地著信」、「君子履信」。如此相通於後來明
　　　　 清氣本論的主張：「理在氣中」，而以氣本論集大成的戴震講述最爲清楚：「自
　　　　 然之中有必然」、「歸於必然，適完其自然」。見《孟子字義疏證・理》，頁 19。
〔註 76〕 《荀子・禮論》，頁 384。
〔註 77〕 惠吉星，《荀子與中國文化》（貴州：貴州人民出版社，1996 年），頁 86。

則有國有家者巫亡，而立人之道廢矣。(《傅子・禮樂》)〔註78〕

傅玄重視聖人之治，希望以禮教興天下，以「禮」奠定人倫秩序，「禮」與天地並存，似乎隱然含有形而上層次的意味，不過對傅玄來說，他更重視的是在國家社會、尊卑秩序的健全穩定，因此，他的禮之大本說，是植基於君臣、父子、夫婦的綱常倫理上來說的。「大本」是人倫綱常的規範，是人倫秩序的律則，在這方面，實與荀子相同，荀子說：「君臣、父子、兄弟、夫婦，始則終，終則始，與天地同理，與萬世同久，夫是之謂大本。」〔註79〕荀子也重視君臣、父子、夫婦的倫理，將之視為「大本」。不過傅玄同於荀子的，還是在內在理路上的一致性，究其根本，他們都並非只是把「大本」放在人事的禮教上，而是將禮的定義相通於理，即禮的性質等同於理的。因此會說：與天地同理、與天地並存。這在荀子論及「禮有三本」的主張上，便可見其對「禮」的核心意義：

> 禮有三本：天地者，生之本也；先祖者，類之本也；君師者，治之本也。無天地，惡生？無先祖，惡出？無君師，惡治？三者偏亡，焉無安人。故禮，上事天，下事地，尊先祖，而隆君師。是禮之三本也。(《荀子・禮論》)〔註80〕

荀子認為「禮有三本」，生之本、類之本與治之本，荀子論禮也重視倫理道德以及人倫之間的秩序，但是將禮的本源回溯到整個存在界的人文與自然，便無疑是將禮擴大到了「理」的意涵——「上事天，下事地，尊先祖，而隆君師」，是以又說「天地生君子，君子理天地」〔註81〕、「天地以合，日月以明，四時以序，星辰以行，江河以流，萬物以昌，好惡以節，喜怒以當，以為下則順，以為上則明，萬變不亂，貳之則喪也。禮豈不至矣哉！」〔註82〕我們可以說，在荀子那裡，作為人的本質的、社會原則的「禮」，和作為自然世界秩序的「理」，是有其相通的意義的。

另外，在維持天地人事和諧秩序的意義上，傅玄與荀子同樣不避諱運用法刑的論點，而這可以說是跟他們的人性論——弱性善觀，相互呼應的。

〔註78〕《傅子・禮樂》，收於嚴可均編：《全晉文》卷四十七（北京：中華書局，1958年），頁1730。
〔註79〕《荀子・王制》，頁152。
〔註80〕《荀子・禮論》，頁373。
〔註81〕《荀子・王制》，頁152。
〔註82〕《荀子・禮論》，頁376。

> 立善防惡謂之禮，禁非立是謂之法。法者，所以正不法也。明書禁
> 令曰法，誅殺威罰曰刑。……治世之民，從善者多，上立德而下服
> 其化，故先禮而後刑也。亂世之民，從善者少，上不能以德化之，
> 故先刑而後禮者。（《傅子‧法刑》）〔註83〕
>
> 聽政之大分：以善至者待之以禮，以不善至者待之以刑。兩者分別，
> 則賢、不肖不雜，是非不亂。賢、不肖不雜則英傑至，是非不亂則
> 國家治。（《荀子‧王制》）〔註84〕

在治理國家上，除了以「禮」教化人民樹立良好道德品行之外，還需要「法」的制定來維持國家基本的規範，嚇阻惡人，實施刑罰將其繩之以法。也就是說，治理一國之民需要針對不同的人來做不同的規範，如果是治世之民，善民較多，則用禮多於用刑；相反的，如果是亂世之民，那麼刑罰便是先於禮治的有效實施了。我們可以說，禮與法刑，是治國施政上爲因應對象的不同而產生的，這在荀子也有同樣的觀念，荀子以爲「以善至者待之以禮，以不善至者待之以刑。」明賞罰、明是非，賢與不肖有所分別，這是處理政事的要領、關鍵。

傅玄與荀子雖皆強調禮樂教化，但他們也同樣地不廢刑罰，在這一點上可謂與孟學不同。以孟子爲例，孟子秉持「由仁義行，非行仁義」的人性本善的立場以實施「仁政」，其方法便是以「不認人之心，行不忍人之政」的推恩教化進路，可以說，孟子在治國之道上，無所謂刑法的意義。這是緣於對人性論認識不同所產生的歧異。傅玄與荀子對於禮、法、刑的主張，其範圍是在治國施政的意義上，而其對象則是在人性有惡（弱性善觀）上的現實處置，那麼我們可以說荀學對於禮法思想的提倡，的確是重視實務、不唱高調，懇切認識到落實在現實面上的經世濟民，除了禮義教化之外，亦尙有刑法治國的手段必要。

傅玄重禮，亦且重視法刑。而關於禮、刑之間輕重次序的關係，在漢末曹魏的政論家有許多討論：仲長統《昌言》主張以刑助德、荀悅《申鑑》提出愼刑；丁儀《刑禮論》主張先禮後刑、劉廙《先刑后禮論》則是提倡先刑後禮，而蔣濟《萬機論》則批評「任刑」的缺失，桓范《世要論》則以爲刑

〔註83〕《傅子‧法刑》，收於嚴可均編：《全晉文》卷四十七（北京：中華書局，1958年），頁1730。

〔註84〕《荀子‧王制》，頁139。

德不能偏廢。〔註85〕這一系列的爭論可以反映東漢末年社會動盪、兵馬倥傯、紛亂不已的世局，使得文化與思想不斷解構與重組，而法律觀念的鬆動與轉型，便是這一時期的特徵之一。那麼對於德治禮教與法治刑罰之間的辯證，傅玄應是「禮刑相濟」的主張。傅玄說：

> 治國有二柄：一曰賞，二曰罰。賞者，政之大德也。罰者，政之大威也。人所以畏天地者，以其能生而殺之也。為治審持二柄，能使殺生不妄，則其威德與天地並矣。（《傅子‧治體》）〔註86〕

> 末儒見峻法之生叛，則去法而純仁；偏法見弱法之失政，則去仁而法刑，此法所以世輕世重，而恆失其中也。（《傅子‧法刑》）〔註87〕

賞、罰是治理國家必要的措施，如此可以確立政治上的德、威的價值，德、威一旦樹立，便可同天地一樣可大可久。傅玄認為賞與罰都是必要的手段，若純仁或專用法刑，都會有所缺失，因此傅玄主張德威並用、禮法（刑）相濟。在這一點上，可說是比荀子更加實務。荀子的禮法思想，比較著重在禮而不是法，可以說法是禮的衍生〔註88〕，是禮的延續，也就是荀子的禮即涵攝了法的思想，而法便是以禮為原則、歸向的規範，所以荀子說：「聖人化性而起偽，偽起而生禮義，禮義生而制法度；然則禮義法度者，是聖人之所生也。」（《荀子‧性惡》）〔註89〕聖人化性起偽，以禮義來制定法度，這便說明了禮先於法的順序，也說明了沒有外於禮的法度。相較於荀子，傅玄似乎多了一份現實的關懷，幽暗的意識，使禮與法刑各自著重、兩者同行。然而必須辨明的是，即使傅玄重視法刑思想，他也不是法家的理路，而就其禮、法思想的深層結構來說，禮與法並非異質的存在，禮的順序仍然是先於法的。

> 天地成歲也，先春而後秋；人君之治也，先禮而後刑。……禮法殊塗而同歸，賞刑遞用而相濟矣。（《傅子‧法刑》）〔註90〕

〔註85〕 參見魏明安、趙以武：《傅玄評傳》，頁 164～165。

〔註86〕 《傅子‧治體》，收於嚴可均編：《全晉文》卷四十七（北京：中華書局，1958年），頁 1727。

〔註87〕 《傅子‧法刑》，收於嚴可均編：《全晉文》卷四十七（北京：中華書局，1958年），頁 1731。

〔註88〕 關於「禮衍生法」的說法，可參見楊秀宮：〈從「禮衍生法」的觀點論荀子禮法思想的特色〉，《東海學報》39 卷，1998 年 7 月，頁 87～109。

〔註89〕 《荀子‧性惡》，頁 470。

〔註90〕 《傅子‧法刑》，收於嚴可均編：《全晉文》卷四十七（北京：中華書局，1958年），頁 1730。

> 釋法任情，奸佞在下，多疑少決，譬執腐索以禦奔馬。專任刑名，
> 民不聊生。通儒達道，政乃昇平。浩浩大海，百川歸之。(《傅子‧
> 釋法》)〔註91〕

傅玄以天之恆常規律，印證人事應同於天道運行，天道先春而後秋，那麼治世法則也應先禮而後刑。一味專任偏用刑罰，導致民生痛苦、民不聊生，國家便會動盪不安，因此在實施上禮、法要遞用相繼、相輔相成。而法的任用必須以禮為大本，依禮為準則、依歸，那麼禮與法也只是在舉措上的不同而已，要其內蘊，則是殊途同歸的。職是之故，傅玄的禮法思想依舊是儒家的路數，是通儒達道的。不偏廢刑法的確是荀學主張的特色，然而重視禮法思想的同時，也還須注意到其禮與法有輕重先後的不同，是禮重於法的，也就是說這個法治的「法」的觀念卻不同於法家所謂的「法」。荀學的法刑之治，是緣於息惡止亂，非法家出於君王統治操弄臣下百姓的用途；荀學的禮法之治，是緣於對人性尚有正面的肯定，願意教化人民以成就人道之極的善的境域，而非法家對於人性的全面否定，出自於完全他律的規範限制。那麼，綜合上述，無論是傅玄的「禮法相濟」說或是荀子的「禮衍生法」的觀念，禮法思想都是正統儒家的學說，即便重視法刑，其要旨都是以道德價值為底蘊的，是一種「自然法」的觀念。

> 唐凡特以自然法觀念同時帶有法律的性格與道德的性格的看法，頗
> 能跟荀子禮的觀念相符應。馬漢寶對於自然法的論述也有助於我們
> 理解荀子禮法思想中蘊含的意義，那就是：道德（正義）才是法律
> 真正的基礎，也是評斷法律之善惡最後的依據。兩者雖然各有獨立
> 的領域，卻不是完全不相干涉；它們潛在的緊密的關聯必須加以正
> 視。〔註92〕

自然法是所有規範綱紀中的最高原則，而其終極目標是幫助人們成為一個有道德的人，是道德之極〔註93〕。所以荀學的「禮」能夠同時具有理、道德、規範的這三種主張，自是與自然法的本質相當接近。惟不同於孟學，孟子論

〔註91〕《傅子‧釋法》，收於嚴可均編：《全晉文》卷四十八（北京：中華書局，1958年），頁1735。

〔註92〕張亨：〈荀子禮法思想試論〉，收入張亨：《思文之際論集》（台北：允晨文化，1997年），頁184。

〔註93〕「《禮》者，法之大分、類之綱紀也。故學至乎禮而止矣，夫是之謂道德之極。」《荀子‧勸學》，頁9。

禮時說：「仁義禮智，非由外鑠我也，我固有之也」（〈告子上〉）、「君子所性，仁義禮智根於心」（〈盡心上〉），孟子用心性論的角度解釋禮義，認為禮就在人的心性之中，是生而固有本有的，這就表示孟子的禮是一種先驗性的存在，是人們要去「復」和「盡」的。如此顯然與荀學的路數不同，荀學者認為禮義雖然也是內在於人性之中，但它必須要通過個人與人之間的試驗、磨擦，然後才不斷發展，不斷肯認出來。這種呼應本體，一步步興發開展的歷程，即前文所提及荀子所謂的「禮」是「斷之繼之，博之淺之，益之損之，類之盡之，盛之美之，使本末終始，莫不順比」的〔註94〕，而這就是「禮」的意義與價值。換言之，荀學的「禮」雖然是具體化的外在規範，但禮實質上卻是呼應於人性之中所潛存的「理」的，也因此，荀學的禮是活潑的，適用於不同時代、不同處所，「足以為萬世則」、「與天地並矣」。

綜上所述，傅玄以及荀子的禮法思想，是奠基於人性論上面所主張的，我們看到了與孟學主張相較下，「禮法」思想在荀學中更被凸顯出來的地位，然而我們斷不能以為荀學的禮法思想只是客觀的外在規範而已，因為它還照顧到了穩定社會人心，安頓人性的作用，究其根本，是與人性中的「理」相互呼應的，可以說即使是傅玄強調的「法刑」，也是以道德為核心基礎的。於是我們理解同樣屬於儒家，對於「法刑」使用的正當性，這是著眼於實際社會人生的傅玄，無法規避也沒有必要去避諱的啊。

伍、結　論

從天道、人道的思想，到心性論的主張，再到禮法思想的辨析，本文條分縷析、循序探賾傅玄的學說主張，並試圖揭橥傅玄思想的型態，進而給予一適當的定位與評價。可以說傅玄的思想性格、內在理路的確屬於荀學一路，就其與荀子相較，便能展顯他在正始時期所需回應的時代課題。正始期間政治社會的變動，在魏晉崇尚「自然」的虛浮世風下，勢必更加需要借重於荀學，以求撥亂反正，建立統治秩序。因此，傅玄側重天人之間各有其分的意義，又明言人之性避害從利，並在修禮讓以確立教化之外，還主張禮刑相濟的禮法思想。傅玄以為純仁之治不可能治國平天下，因此不偏廢亦不諱言刑罰的重要，這是在傳統儒家學說裡，少見的重視實際人生的儒者。為此，劉大杰特別讚賞：「傅玄還有一點特識，就便是注意到尊儒道者，非惟尊其書而

〔註94〕《荀子・禮論》，頁376。

已。尊書忘道，是中國二千餘年來的儒家的大毛病……結果是對於實際的政治人生，一點沒有用處……在這一點，傅玄算是儒家裡面最有見識的革新派了。」〔註95〕

　　魏晉儒學相對於玄學，是較爲暗淡而退居幕後的，因此能揭發魏晉時期的儒者，並深入探討其源流派別，可以說是一種學術重建，其目的是要揭櫫思想史上未深入探勘的儒學隱流，是荀學在魏晉時期的發聲，雖然它的聲音不大但仍將有意義的承接衍化甚至影響著後代的荀學思想家們。而今以正始時期的儒者──傅玄爲例，探討其思想特色與學術立場，便是要能放入儒家思想史、荀學思想史中，標誌出一個屬於魏晉時期的儒學鮮明色彩，並試圖在儒學史的視野下，將荀系哲學的脈絡更眞實、立體地重建出來。最後，由傅玄一段話，可以再次印證他與荀學的密切關係：「辯上下者，莫正乎位；興國家者，莫貴乎人；統內外者，莫齊乎分；宣德教者，莫明乎學。」（《傅子・補遺上》）〔註96〕這種重視群分綱常、知通統類；重視學習教化、禮法相濟的，不就正是魏晉時期儒學所必須借重的理論學說嗎？那麼在魏晉時期裡能一展長才的儒學主張、並站穩儒家立場的──應該就是儒家中的荀學了。

〔註95〕劉大杰：《魏晉思想》（台北：里仁書局，1984），頁88～89。
〔註96〕《傅子・補遺上》，收於嚴可均編：《全晉文》卷四十九（北京：中華書局，1958年），頁1737。